D1722233

Die schönsten Märchen von Tieren und Zauberdingen

Herausgegeben und neu erzählt von Heinz Janisch
Illustriert von Marion Goedelt

annette betz

INHALT

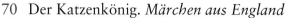

III. »Von Pfannkuchen, die nicht gegessen werden wollen, fliegenden Koffern und anderen magischen Dingen«

IV. »VON SONNE, MOND UND STERNEN UND DEM ZAUBER DER NATUR«

V. »VON UNBEDACHTEN VÄTERN, ZU FREUNDLICHEN WÖLFEN UND ANDEREN TRAGISCHEN HELDEN«

VI. »Von grosszügigen Armen, cleveren Dummen und Kleinen, die gross rauskommen«

FREI WIE EIN VOGEL!

Ein Lob der Märchen

Märchen erzählen wunderbare Geschichten. Sie erzählen vom Wunder der
Verzauberung, der Verwandlung.
Diese Verwandlung kann immer und überall geschehen.
Du findest einen Stein und wirst verzaubert. Du hilfst einem Fremden, und er
wird dich für deine Gastfreundschaft belohnen. Du bist ein armer Hirte, aber
schon am Abend gehört dir ein ganzes Königreich.
Märchen erzählen immer von den unendlichen Möglichkeiten des Lebens. Sie sind
gute Lehrmeister. Sie wecken Hoffnung in uns, denn sie sagen: »Hab Vertrauen!
Hinter dem nächsten Hügel erwartet dich etwas Wunderbares!«
Die Märchen aus allen Ländern und Kulturen zeigen auch: Wenn du den Dingen,
Tieren und Menschen auf deinem Weg mit Freundlichkeit begegnest, so werden
sie dich reich beschenken.
Das geschlossene Tor wird sich für dich öffnen, das gebackene Brot wird sich
von dir essen lassen, der tiefe Fluss wird für dich eine Brücke finden. Bist du aber
unfreundlich zu allem, was dir begegnet – und sei es das kleinste Wesen – so wird dir
bald Unheil drohen, ein dunkler Zauber wird dich in die Irre führen. Erst wenn du
diese Lektion gelernt hast, wirst auch du den Zauber der Verwandlung erleben.

In vielen Märchen der Welt spielen Tiere eine entscheidende Rolle.
Anschmiegsam wie eine Katze, stark wie ein Bär, frei wie ein Vogel – der Mensch
bringt die Tiere und ihre Eigenschaften und Fähigkeiten gern mit sich in Verbindung.
Wer auf seinem Weg durch die Welt auf ein Tier trifft, tut gut daran, diesem Tier
seine Achtung und seinen Respekt zu erweisen, steht es doch symbolisch für das
Leben an sich.

Diese Sammlung vereint Zaubermärchen und Tiermärchen aus aller Welt.
Ich habe mich als neugieriger Leser auf die Suche nach besonderen Fundstücken
gemacht, diese dann vorsichtig in die Hand genommen, wie kostbare Edelsteine,
und manchmal habe ich – da und dort – ein wenig Staub entfernt, damit sie neu
funkeln können …

»Ich Narr vergaß der Zauberdinge!« heißt es in der märchenhaften Oper
»Die Zauberflöte« von Wolfgang Amadeus Mozart und Emanuel Schikaneder.
Ein geheimnisvolles Glockenspiel und natürlich eine Zauberflöte spielen darin
eine wichtige Rolle, besitzen sie doch die Kraft, andere zu verzaubern. Sogar
grimmige Wärter und wilde Tiere erleben durch sie eine wundersame Verwandlung.
In vielen Märchen wird von solchen »Zauberdingen« erzählt – ob es nun ein
Zauberkrug ist oder ein fliegender Koffer …

Anschmiegsam wie eine Katze, stark wie ein Bär, frei wie ein Vogel.
All diese Eigenschaften, denen wir in Tiermärchen begegnen – ich wünsche sie uns!
Und vergessen wir nicht die »Zauberdinge«, die Kraft der Verwandlung, die immer
und überall möglich ist …
Märchen sind Geschichten über die vielen Möglichkeiten und Entscheidungen, die
das Leben für uns bereithält.
Glauben wir an den Zauber der Begegnung?
Sind wir bereit für das Wunderbare, das jetzt und jetzt geschehen kann?
Mutabor! Lassen wir uns verzaubern …

Heinz Janisch

»VON VERZAUBERTEN PRINZEN,
VERBANNTEN PRINZESSINNEN
UND DEN KÖNIGEN
DES MÄRCHENWALDES«

Der Froschkönig oder der eiserne Heinrich

Märchen der Brüder Grimm

In den alten Zeiten, als das Wünschen noch geholfen hat, lebte ein König, dessen Töchter waren alle schön; aber die jüngste war so schön, dass die Sonne selber, die doch so vieles gesehen hat, sich verwunderte, sooft sie ihr ins Gesicht schien.

Nahe bei dem Schlosse des Königs lag ein großer dunkler Wald, und in dem Walde unter einer alten Linde war ein Brunnen; wenn nun der Tag recht heiß war, so ging das Königskind hinaus in den Wald und setzte sich an den Rand des kühlen Brunnens – und wenn sie Langeweile hatte, so nahm sie eine goldene Kugel, warf sie in die Höhe und fing sie wieder; und das war ihr liebstes Spielwerk.

Nun trug es sich einmal zu, dass die goldene Kugel der Königstochter nicht in ihr Händchen fiel, das sie in die Höhe gehalten hatte, sondern vorbei auf die Erde schlug und geradezu ins Wasser hineinrollte. Die Königstochter folgte ihr mit den Augen nach, aber die Kugel verschwand, und der Brunnen war tief, so tief, dass man keinen Grund sah. Da fing sie an zu weinen und weinte immer lauter und konnte sich gar nicht trösten. Und wie sie so klagte, rief ihr jemand zu: »Was hast du vor, Königstochter, du schreist ja, dass sich ein Stein erbarmen möchte.« Sie sah sich um, woher die Stimme käme, da erblickte sie einen Frosch, der seinen dicken, hässlichen Kopf aus dem Wasser streckte.

»Ach, du bist's, alter Wasserpatscher«, sagte sie. »Ich weine über meine goldene Kugel, die mir in den Brunnen hinabgefallen ist.«

»Sei still und weine nicht«, antwortete der Frosch, »ich kann wohl Rat schaffen, aber was gibst du mir, wenn ich dein Spielwerk wieder heraufhole?«

»Was du haben willst, lieber Frosch«, sagte sie, »meine Kleider, meine Perlen und Edelsteine, auch noch die goldene Krone, die ich trage.«

Der Frosch antwortete: »Deine Kleider, deine Perlen und Edelsteine und deine goldene Krone, die mag ich nicht – aber wenn du mich liebhaben willst, und ich soll dein Geselle und Spielkamerad sein, an deinem Tischlein neben dir sitzen, von deinem goldenen Tellerlein essen, aus deinem Becherlein trinken, in deinem Bettlein schlafen. Wenn du mir das versprichst, so will ich hinuntersteigen und dir die goldene Kugel wieder heraufholen.«

»Ach ja«, sagte sie, »ich verspreche dir alles, was du willst, wenn du mir nur die Kugel wiederbringst.« Sie dachte aber: Was der einfältige Frosch schwätzt! Der sitzt im Wasser bei seinesgleichen und quakt und kann keines Menschen Geselle sein.

Der Frosch, als er die Zusage erhalten hatte, tauchte seinen Kopf unter, sank hinab, und über ein Weilchen kam er wieder heraufgerudert, hatte die Kugel im Maul und warf sie ins Gras.

Die Königstochter war voll Freude, als sie ihr schönes Spielwerk wieder erblickte, hob

es auf und sprang damit fort. »Warte, warte«, rief der Frosch, »nimm mich mit, ich kann nicht so laufen wie du!« Aber was half es ihm, dass er ihr sein Quak, Quak so laut nachschrie, als er konnte! Sie hörte nicht darauf, eilte nach Hause und hatte bald den armen Frosch vergessen, der wieder in seinen Brunnen hinabsteigen musste.

Am andern Tage, als sie mit dem König und allen Hofleuten sich zur Tafel gesetzt hatte und von ihrem goldenen Tellerlein aß, da kam, plitsch-platsch, plitsch-platsch, etwas die Marmortreppe heraufgekrochen, und als es oben angelangt war, klopfte es an die Tür und rief: »Königstochter, jüngste, mach mir auf!«

Sie lief und wollte sehen, wer draußen wäre, als sie aber aufmachte, so saß der Frosch davor. Da warf sie die Tür hastig zu, setzte sich wieder an den Tisch, und es war ihr ganz angst. Der König sah wohl, dass ihr das Herz gewaltig klopfte, und sprach: »Was ist, mein Kind? Steht etwa ein Riese vor der Tür und will dich holen?«

»Ach nein«, antwortete sie, »es ist kein Riese, sondern ein garstiger Frosch.«

»Was will der Frosch von dir?«

»Ach, lieber Vater, als ich gestern im Wald bei dem Brunnen saß und spielte, da fiel meine goldene Kugel ins Wasser. Und weil ich so weinte, hat sie der Frosch wieder heraufgeholt, und weil er es durchaus verlangte, so versprach ich ihm, er sollte mein Geselle werden; ich dachte aber nimmermehr, dass er aus seinem Wasser herauskönnte. Nun ist er draußen und will zu mir herein.«

Und schon klopfte es zum zweiten Mal und rief:

»Königstochter, jüngste, mach mir auf, weißt du nicht, was gestern du zu mir gesagt, bei dem kühlen Brunnenwasser? Königstochter, jüngste, mach mir auf.«

Da sagte der König: »Was du versprochen hast, das musst du auch halten; geh nur und mach ihm auf.«

Sie ging und öffnete die Türe, da hüpfte der Frosch herein, ihr immer auf dem Fuße nach, bis zu ihrem Stuhl. Da saß er und rief: »Heb mich herauf zu dir.« Sie zauderte, bis es endlich der König befahl. Als der Frosch erst auf dem Stuhl war, wollte er auf den Tisch, und als er da saß, sprach er: »Nun schieb mir dein goldenes Tellerlein näher, damit wir zusammen essen.«

Das tat sie zwar, aber man sah wohl, dass sie's nicht gerne tat. Der Frosch ließ sich's gut schmecken, aber ihr blieb fast jedes Bisslein im Halse. Endlich sprach er: »Ich habe mich sattgegessen und bin müde; nun trag mich in dein Kämmerlein und mach dein seiden Bettlein zurecht, da wollen wir uns schlafen legen.« Die Königstochter fing an zu weinen und fürchtete sich vor dem kalten Frosch, den sie nicht anzurühren getraute und der nun in ihrem schönen, reinen Bettlein schlafen sollte.

Der König aber ward zornig und sprach: »Wer dir geholfen hat, als du in der Not warst, den sollst du hernach nicht verachten.« Da packte sie ihn mit zwei Fingern, trug ihn hinauf und setzte ihn in eine Ecke. Als sie aber im Bett lag, kam er gekrochen und sprach: »Ich bin müde, ich will schlafen so gut wie du – heb mich herauf, oder ich sag's deinem Vater.« Da ward sie erst bitterböse, holte ihn herauf und warf ihn aus allen Kräften wider die Wand: »Nun wirst du Ruhe haben, du garstiger Frosch.« Als er aber herabfiel, war er kein Frosch, sondern ein Königssohn mit schönen und freundlichen Augen. Der war nun nach ihres Vaters Willen ihr lieber Geselle und Gemahl. Da erzählte er ihr, er wäre von einer bösen Hexe verwünscht worden, und niemand hätte ihn aus dem Brunnen erlösen können als sie allein, und morgen wollten sie zusammen in sein Reich gehen. Dann schliefen sie ein, und am andern Morgen, als die Sonne sie aufweckte, kam ein Wagen herangefahren, mit acht weißen Pferden bespannt, die hatten weiße Straußfedern auf dem Kopf und gingen in goldenen Ketten, und hinten stand der Diener des jungen Königs, das war der treue Heinrich. Der treue Heinrich hatte sich so betrübt, als sein Herr war in einen Frosch verwandelt worden, dass er drei eiserne Bande hatte um sein Herz legen lassen, damit es ihm nicht vor Weh und Traurigkeit zerspränge. Der Wagen aber sollte den jungen König in sein Reich abholen; der treue Heinrich hob beide hinein, stellte sich wieder hinten auf und war voller Freude über die Erlösung. Und als sie ein Stück Wegs gefahren waren, hörte der Königssohn, dass es hinter ihm krachte, als wäre etwas zerbrochen. Da drehte er sich um und rief:

»Heinrich, der Wagen bricht.«
»Nein, Herr, der Wagen nicht, es ist ein Band von meinem Herzen, das da lag in großen Schmerzen, als Ihr in dem Brunnen saßt, als Ihr eine Fretsche (Frosch) wast (ward).«

Noch einmal und noch einmal krachte es auf dem Weg, und der Königssohn meinte immer, der Wagen bräche, und es waren doch nur die Bande, die vom Herzen des treuen Heinrich absprangen, weil sein Herr erlöst und glücklich war.

Die verzauberte Prinzessin

Märchen von Ludwig Bechstein

Es war einmal ein armer Handwerksmann, der hatte zwei Söhne, einen guten, der hieß Hans, und einen bösen, der hieß Helmerich. Wie das aber wohl geht in der Welt, der Vater hatte den bösen mehr lieb als den guten.

Nun begab es sich, dass das Jahr einmal ein mehr als gewöhnlich teures war und dem Meister der Beutel leer war. Ei!, dachte er, man muss zu leben wissen. Sind die Kunden doch so oft zu dir gekommen, nun ist es an dir, höflich zu sein und dich zu ihnen zu bemühen. Gesagt, getan. Frühmorgens zog er aus und klopfte an mancher stattlichen Tür; aber wie es sich denn so trifft, dass die stattlichsten Herren nicht die besten Zahler sind, die Rechnung zu bezahlen hatte niemand Lust. So kam der Handwerksmann müde und matt des Abends in seine Heimat, und trübselig setzte er sich vor die Türe der Schenke ganz allein, denn er hatte weder das Herz, mit den Zechgästen zu plaudern, noch freute er sich sehr auf das lange Gesicht seines Weibes. Aber wie er da saß in Gedanken versunken, konnte er doch nicht lassen hinzuhören auf das Gespräch, das drinnen geführt ward. Ein Fremder, der eben aus der Hauptstadt angelangt war, erzählte, dass die schöne Königstochter von einem bösen Zauberer gefangengesetzt sei und müsse im Kerker bleiben ihr Leben lang, wenn nicht jemand sich fände, der die

drei Proben löse, die der Zauberer gesetzt hatte. Fände sich aber einer, so wäre die Prinzessin sein und ihr ganzes herrliches Schloss mit all seinen Schätzen. Das hörte der Meister an, zuerst mit halbem Ohr, dann mit dem ganzen und zuletzt mit allen beiden, denn er dachte: mein Sohn Helmerich ist ein aufgeweckter Kopf, der wohl den Ziegenbock barbieren möchte, so das einer von ihm heischte; was gilt's, er löst die Proben und wird der Gemahl der schönen Prinzessin und Herr über Land und Leute. Denn also hatte der König, ihr Vater, verkündigen lassen.

Schleunig kehrte er nach Haus und vergaß seine Schulden und Kunden über der neuen Mär, die er eilig seiner Frau hinterbrachte. Des andern Morgens schon sprach er zum Helmerich, dass er ihn mit Ross und Wehr ausrüsten wolle zu der Fahrt, und wie schnell machte der sich auf die Reise! Als er Abschied nahm, versprach er seinen Eltern, er wolle sie samt dem dummen Bruder Hans gleich holen lassen in einem sechsspännigen Wagen; denn er meinte schon, er wäre König. Übermütig wie er dahinzog, ließ er seinen Mutwillen aus an allem, was ihm in den Weg kam. Die Vögel, die auf den Zweigen saßen und den Herrgott lobten mit Gesang, wie sie es verstanden, scheuchte er mit der Gerte von den Ästen, und kein Getier kam ihm in den Weg, daran er nicht seinen Schabernack ausgelassen hätte. Und zum Ersten begegnete er einem Ameisenhaufen; den ließ er sein Ross zertreten, und die Ameisen, die erzürnt an sein Ross und an ihn selbst krochen und Pferd und Mann bissen, erschlug und erdrückte er alle. Weiter kam er an einen klaren Teich, in dem schwammen zwölf Enten. Helmerich lockte sie ans Ufer und tötete deren elf, nur die zwölfte entkam. Endlich traf er auch einen schönen Bienenstock; da machte er es den Bienen, wie er es schon den Ameisen gemacht. Und so war seine Freude, die unschuldige Kreatur nicht sich zum Nutzen, sondern aus bloßer Tücke zu plagen und zu zerstören.

Als Helmerich nun bei sinkender Sonne das prächtige Schloss erreicht hatte, darin die Prinzessin verzaubert war, klopfte er gewaltig an die geschlossene Pforte. Alles war still; immer heftiger pochte der Reiter. Endlich tat sich ein Schiebefenster auf, und daraus hervor sah ein altes Mütterlein mit spinnewebfarbigem Gesichte, die fragte verdrießlich, was er begehre. »Die Prinzessin will ich erlösen«, rief Helmerich, »geschwind macht mir auf.«

»Eile mit Weile, mein Sohn«, sprach die Alte, »morgen ist auch ein Tag, um neun Uhr werde ich dich hier erwarten.« Damit schloss sie den Schalter.

Am andern Morgen um neun Uhr, als Helmerich wieder erschien, stand das alte Mütterchen schon seiner gewärtig mit einem Fässchen voll Leinsamen, den sie ausstreute auf eine schöne Wiese.

»Lies die Körner zusammen«, sprach sie zu dem Reiter, »in einer Stunde komme ich wieder, da muss die Arbeit getan sein.« Helmerich aber dachte, das sei ein alberner Spaß und es lohne nicht, sich darum zu bücken; er ging derweil spazieren, und als die Alte wiederkam, war das Fässchen so leer wie vorher. »Das ist nicht gut«, sagte sie.

Darauf nahm sie zwölf goldene Schlüsselchen aus der Tasche und warf sie einzeln in den tiefen, dunklen Schlossteich. »Hole die Schlüssel herauf«, sprach sie, »in einer Stunde komme ich wieder, da muss die Arbeit getan sein.« Helmerich lachte und tat wie vorher. Als die Alte wiederkam und auch diese Aufgabe nicht gelöst war, da rief sie zweimal: »Nicht gut! Nicht gut!« Doch nahm sie ihn bei der Hand und führte ihn die Treppe hinauf in den großen Saal des Schlosses; da saßen drei Frauenbilder, alle drei in dichte Schleier verhüllt. »Wähle, mein Sohn«, sprach die Alte, »aber sieh dich vor, dass du recht wählst. In einer Stunde komme ich wieder.«

Helmerich war nicht klüger, da sie wiederkam, als da sie wegging; übermütig aber rief er aufs Geratewohl: »Die zur Rechten wähl ich.« Da warfen alle drei die Schleier zurück; in der Mitte saß die holdselige Prinzessin, rechts und links zwei scheußliche Drachen, und der zur Rechten packte den Helmerich in seine Krallen und warf ihn durch das Fenster in den tiefen Abgrund.

Ein Jahr war verflossen, seit Helmerich ausgezogen, die Prinzessin zu erlösen, und noch immer war bei den Eltern kein sechsspänniger Wagen angelangt. »Ach!«, sprach der Vater, »wäre nur der ungeschickte Hans ausgezogen statt unsres besten Buben, da wäre das Unglück doch geringer.«

»Vater«, sagte Hans, »lass mich hinziehn, ich will's auch probieren.« Aber der Vater wollte nicht, denn was dem Klugen misslingt, wie führte das der Ungeschickte zu Ende? Da der Vater ihm Ross und Wehr versagte, machte Hans sich heimlich auf und wanderte wohl drei Tage denselben Weg zu Fuß, den der Bruder an einem geritten war. Aber er fürchtete sich nicht und schlief des Nachts auf dem weichen Moos unter den grünen Zweigen so sanft wie unter dem Dach seiner Eltern; die Vögel des Waldes scheuten sich nicht vor ihm, sondern sangen ihn in den Schlaf mit ihren besten Weisen. Als er nun an die Ameisen kam, die beschäftigt waren, ihren neuen Bau zu vollenden, störte er sie nicht, sondern wollte ihnen helfen, und die Tierchen, die an ihm hinaufkrochen, las er ab, ohne sie zu töten, wenn sie ihn auch bissen.

Die Enten lockte er auch ans Ufer, aber um sie mit Brosamen zu füttern; den Bienen warf er die frischen Blumen hin, die er am Wege gepflückt hatte. So kam er fröhlich an das Königsschloss und pochte bescheiden am Schalter. Gleich tat die Türe sich auf, und die Alte fragte nach seinem Begehr. »Wenn ich nicht zu gering bin, möchte ich es auch versuchen, die schöne Prinzessin zu erlösen«, sagte er.

»Versuche es, mein Sohn«, sagte die wunderliche Alte, »aber wenn du die drei Proben nicht bestehst, kostet es dein Leben.«

»Wohlan, Mütterlein«, sprach Hans, »sage, was ich tun soll.«

Jetzt gab die Alte ihm die Probe mit dem Leinsamen. Hans war nicht faul, sich zu bücken, doch schon schlug es drei Viertel, und das Fässchen war noch nicht halb voll. Da wollte er schier verzagen; aber auf einmal kamen schwarze Ameisen mehr als genug, und in wenigen Minuten lag kein Körnlein mehr auf der Wiese.

Als die Alte kam, sagte sie: »Das ist gut!«, und warf die zwölf Schlüssel in den Teich, die sollte er in einer Stunde herausholen. Aber Hans brachte keinen Schlüssel aus der Tiefe; so tief er auch tauchte, er kam nicht an den Grund. Verzweifelnd setzte er sich ans Ufer; da kamen die zwölf Entchen herangeschwommen, jede mit einem goldenen Schlüsselchen im Schnabel, die warfen sie ins feuchte Gras.

So war auch diese Probe gelöst, als die Alte wiederkam, um ihn nun in den Saal zu führen, wo die dritte und schwerste Probe seiner harrte. Verzagend sah Hans auf die drei gleichen Schleiergestalten; wer sollte ihm hier helfen? Da kam ein Bienenschwarm durchs offene Fenster geflogen, die kreisten durch den Saal und summten um den Mund der drei Verhüllten. Aber von rechts und links flogen sie schnell wieder zurück, denn die Drachen stanken nach Pech und Schwefel, wovon sie leben; die Gestalt in der Mitte umkreisten sie alle und surrten und schwirrten leise: »Die Mittle, die Mittle.« Denn da duftete ihnen der Geruch des eigenen Honigs entgegen, den die Königstochter so gern aß.

Also, da die Alte wiederkam nach einer Stunde, sprach Hans ganz getrost: »Ich wähle die Mittle.« Und da fuhren die bösen Drachen zum Fenster hinaus, die schöne Königstochter aber warf ihren Schleier ab und freute sich der Erlösung und ihres schönen Bräutigams. Und Hans sandte dem Vater der Prinzessin den schnellsten Boten und zu seinen Eltern einen goldenen Wagen mit sechs Pferden bespannt, und sie alle lebten herrlich und in Freuden, und wenn sie nicht gestorben sind, leben sie heute noch.

DIE SCHWANENKÖNIGIN

Märchen aus Litauen

Es waren einmal eine alte Frau und ein alter Mann, die lebten schon lange allein in einer Hütte im Wald. Den ganzen Tag waren sie unterwegs, um Pilze und Kräuter zu suchen und dürres Holz für den Ofen.

Eines Abends kamen sie nach Hause und trauten ihren Augen nicht. Auf dem Tisch stand ein Essen, im Ofen brannte ein Feuer, und der Boden sah aus wie frisch geputzt. So ging das von nun an Tag für Tag, Woche für Woche.

Die beiden Alten wurden neugierig.

»Wer sorgt für uns? Wer kommt in unser Haus, während wir im Wald unterwegs sind?«

Der alte Mann beschloss, sich auf die Lauer zu legen. Er ging mit seiner Frau frühmorgens aus dem Haus, so wie jeden Tag. Während sie weiterging, versteckte er sich hinter einem Wasserfass.

Bald kam ein schöner weißer Schwan geflogen. Er legte seine Flügel ab, und plötzlich wurde aus dem Schwan ein schönes Mädchen.

Es ging in die Hütte und begann zu arbeiten.

Als es mit einem großen Krug zum nahen Brunnen ging, rannte der Alte rasch in die Hütte. Er packte die beiden Flügel und warf sie ins Feuer.

Immer hatten sich seine Frau und er eine Tochter gewünscht, vielleicht ging so ihr Wunsch endlich in Erfüllung!

Als das Mädchen mit ihrem Krug voll Wasser zur Hütte zurückkam und ihre Flügel nicht mehr finden konnte, weinte es bittere Tränen.

Sie weinte um ihren Vater und um ihre Mutter, sie weinte um ihren Freund, den sie nie mehr sehen würde.

Der Alte kam aus seinem Versteck und bat das Mädchen, bei ihnen zu bleiben.

Er und seine Frau würden sie wie eine Tochter behandeln.

So blieb das Mädchen, das einmal ein Schwan gewesen war, beim alten Mann und der alten Frau im Wald und lebte dort wie ihre Tochter.

Manchmal schaute sie sehnsüchtig zum Himmel hinauf, aber sie sagte kein böses Wort zu den Alten.

Eines Tages ritt der König durch den Wald. Er war auf der Jagd und dabei ein wenig vom Weg abgekommen.

Als er das Mädchen vor der Hütte arbeiten sah, blieb er wie gebannt stehen. Er stieg vom Pferd und verneigte sich vor ihr.

»Du sollst meine Königin werden«, sagte er.

»Ich habe dich gesehen und da wusste ich, dass du es bist, nach der ich gesucht habe.«
Alles Weinen und Jammern der beiden Alten nützte nichts. Sie wurden reich beschenkt,
aber das Mädchen nahm der König mit auf sein Schloss und schon bald wurde
Hochzeit gefeiert.

Nach einem Jahr gebar die junge Königin einen Sohn. Sie liebte ihn über alles und
war außer sich vor Freude.

Eines Tages, als sie mit ihrem kleinen Sohn im Garten spielte, zog ein Schwarm
weißer Schwäne über ihre Köpfe hinweg. Sie hörte eine Stimme rufen:

>   »Komm, Tochter, lass alles zurück.
>   Hier oben wartet dein Glück!
>   Komm, Tochter, lass uns fliegen,
>   bald wirst du neue Flügel kriegen!«

Da wusste sie, dass es die Stimme ihres Vaters war …

Die junge Königin wurde traurig. Sie hielt ihren Sohn fest und rief zurück:

>   »Kann nicht mit euch gehen.
>   Kann meinen Sohn nicht leiden sehen.«

Da hörte sie eine andere Stimme aus dem Schwarm rufen:

>   »Komm, Tochter, lass alles zurück.
>   Hier oben wartet dein Glück.
>   Komm, Tochter, lass uns fliegen!
>   Schon morgen wirst du Flügel kriegen.«

Da wusste sie, dass es die Stimme ihrer Mutter war.

Die junge Königin schüttelte den Kopf.

>   »Kann nicht mit euch gehen.
>   Will meinen Sohn nicht leiden sehen.«

Die Schwäne flogen noch näher und eine Stimme sagte:

>   »Komm, Liebste, lass alles zurück.
>   Hier oben wartet dein Glück.
>   Komm, Liebste, lass uns fliegen.
>   Noch heute kannst du Flügel kriegen!«

Da wusste sie, dass es die Stimme ihres Freundes war.

Jetzt konnte sie nicht mehr anders, sie streckte die Arme aus und rief:

>   »Ich will euch alle noch einmal sehen!
>   Lasst mich mit euch gehen!«

Da war ein Rauschen in der Luft, und ein Schwan brachte ihr ein Paar Flügel, und
schon war die junge Schwanenkönigin hoch in der Luft und flog mit den anderen
davon.

Als der König in den Garten kam, fand er seinen weinenden Sohn, aber die Königin
war verschwunden.

Da sie auch in den nächsten Wochen und Monaten verschwunden blieb, wollte der König nicht mehr über sie sprechen. Sie hatte ihn wohl verlassen …

Er nahm sich eine neue Frau, aber die neue Königin war eifersüchtig auf seinen Sohn und fand kein gutes Wort für ihn.

Bald war der Junge so traurig, dass er sich den ganzen Tag weinend in seinem Zimmer einschloss.

Die Schwanenkönigin war zunächst glücklich, ihren Vater, ihre Mutter und ihren Freund wiederzusehen. Aber je mehr Tage und Wochen vergingen, umso unglücklicher wurde sie. Sie machte sich Sorgen um ihren Sohn.

Jeden Abend verließ sie ihren Schwarm. Sie flog zum Schloss und durch das offene Fenster in das Turmzimmer, in dem ihr Sohn schlief. Sie legte ihre Flügel ab, nahm den Sohn in die Arme und sang Schlaflieder für ihn:

> »Ein weißer Schwan ist gekommen,
> man hat ihm das Liebste genommen.
> Bald kehrt er zum Liebsten zurück,
> nur bei ihm findet er Glück.«

Der Junge war erstaunt über die Verwandlung der Mutter.
Aber er war froh, sie wieder für sich zu haben.
Bald wollte er nur noch den ganzen Tag schlafen,
und immer war die Schwanenkönigin da und
sang für ihn und hütete seinen Schlaf …
Dem König war es unheimlich, dass sein Sohn nur noch schlafen wollte.
Er versteckte sich im Zimmer, um zu sehen, ob alles mit rechten Dingen zuging.
Da sah er den weißen Schwan ins Zimmer kommen und seine Flügel ablegen.
Jetzt wusste er, was mit der jungen Königin geschehen war!
Still hörte er zu, wie sie den Sohn in den Schlaf sang.
Als die Schwanenkönigin das Zimmer verlassen wollte, griff er nach ihren Flügeln.
Ein Flügel zerriss, und im selben Augenblick zerfiel auch der andere zu Staub.
Die junge Königin stand erschrocken vor dem König, dann fielen sie einander in die Arme.
Die neue Frau des Königs reiste zornig ab, als sie von der Rückkehr der Schwanen-
königin hörte.

Die junge Königin aber blieb bei ihrem Mann und bei ihrem Sohn, und man erzählt sich, dass jeden Tag weiße Schwäne zu ihr in den Garten kamen, um sie zu besuchen und um ihr von ihren Reisen zu erzählen …
So lebte sie glücklich mit ihrem Sohn und ihrem Mann im Schloss, und wenn sie nicht gestorben ist, dann wird sie euch diese Geschichte vielleicht einmal selber erzählen.

Dornröschen

Märchen der Brüder Grimm

Vorzeiten war ein König und eine Königin, die sprachen jeden Tag: »Ach, wenn wir doch ein Kind hätten!«, und kriegten immer keins. Da trug sich zu, als die Königin einmal im Bade saß, dass ein Frosch aus dem Wasser ans Land kroch und zu ihr sprach: »Dein Wunsch wird erfüllt werden, ehe ein Jahr vergeht, wirst du eine Tochter zur Welt bringen.«

Was der Frosch gesagt hatte, das geschah, und die Königin gebar ein Mädchen, das war so schön, dass der König vor Freude sich nicht zu lassen wusste und ein großes Fest anstellte. Er lud nicht bloß seine Verwandten, Freunde und Bekannten, sondern auch die weisen Frauen dazu ein, damit sie dem Kind hold und gewogen wären. Es waren ihrer dreizehn in seinem Reiche, weil er aber nur zwölf goldene Teller hatte, von welchen sie essen sollten, so musste eine von ihnen daheimbleiben.

Das Fest ward mit aller Pracht gefeiert, und als es zu Ende war, beschenkten die weisen Frauen das Kind mit Wundergaben: die eine mit Tugend, die andere mit Schönheit, die dritte mit Reichtum, und so mit allem, was auf der Welt zu wünschen ist. Als elfe ihre Sprüche eben getan hatten, trat plötzlich die dreizehnte herein. Sie wollte sich dafür rächen, dass sie nicht eingeladen war, und ohne jemand zu grüßen, rief sie mit lauter Stimme: »Die Königstochter soll sich in ihrem fünfzehnten Jahr an einer Spindel stechen und tot hinfallen.« Und ohne ein Wort weiter zu sprechen, kehrte sie sich um und verließ den Saal. Alle waren erschrocken, da trat die zwölfte hervor, die ihren Wunsch noch übrig hatte, und weil sie den bösen Spruch nicht aufheben, sondern nur ihn mildern konnte, so sagte sie: »Es soll aber kein Tod sein, sondern ein hundertjähriger tiefer Schlaf, in welchen die Königstochter fällt.«

Der König, der sein liebes Kind vor dem Unglück gern bewahren wollte, ließ den Befehl ausgehen, dass alle Spindeln im ganzen Königreiche verbrannt werden. An dem Mädchen aber wurden die Gaben der weisen Frauen sämtlich erfüllt, denn es war so schön, sittsam, freundlich und verständig, dass es jedermann, der es ansah, lieb haben musste. Es geschah, dass an dem Tage, wo es gerade fünfzehn Jahr alt ward, der König und die Königin nicht zu Haus waren, und das Mädchen allein im Schloss zurückblieb. Da ging es allerorten herum, besah Stuben und Kammern, wie es Lust hatte, und kam endlich auch an einen alten Turm. Es stieg die enge Wendeltreppe hinauf und gelangte zu einer kleinen Türe. In dem Schloss steckte ein verrosteter Schlüssel, und als es umdrehte, sprang die Türe auf, und saß da in einem kleinen Stübchen eine alte Frau mit einer Spindel und spann emsig ihren Flachs.

»Guten Tag, du altes Mütterchen«, sprach die Königstochter, »was machst du da?«
»Ich spinne«, sagte die Alte und nickte mit dem Kopf. »Was ist das für ein Ding, das so lustig herumspringt?«, sprach das Mädchen, nahm die Spindel und wollte auch

spinnen. Kaum hatte sie aber die Spindel angerührt, so ging der Zauberspruch in Erfüllung und sie stach sich in den Finger. In dem Augenblick aber, wo sie den Stich empfand, fiel sie auf das Bett nieder, das da stand, und lag in einem tiefen Schlaf. Und dieser Schlaf verbreitete sich über das ganze Schloss: der König und die Königin, die eben heimgekommen waren und in den Saal getreten waren, fingen an einzuschlafen und der ganze Hofstaat mit ihnen. Da schliefen auch die Pferde im Stall, die Hunde im Hofe, die Tauben auf dem Dache, die Fliegen an der Wand, ja, das Feuer, das auf dem Herde flackerte, ward still und schlief ein, und der Braten hörte auf zu brutzeln, und der Koch, der den Küchenjungen, weil er etwas versehen hatte, in den Haaren ziehen wollte, ließ ihn los und schlief. Und der Wind legt sich und auf den Bäumen vor dem Schloss regte sich kein Blättchen mehr.

Rings um das Schloss aber begann eine Dornenhecke zu wachsen, die jedes Jahr höher ward und endlich das ganze Schloss umzog und darüber hinauswuchs, dass gar nichts davon zu sehen war, selbst nicht die Fahne auf den Dach.

Es ging aber die Sage in dem Land von dem schönen schlafenden Dornröschen, denn so ward die Königstochter genannt, also dass von Zeit zu Zeit Königssöhne kamen

und durch die Hecke in das Schloss dringen wollten. Es war ihnen aber nicht möglich, denn die Dornen, als hätten sie Hände, hielten fest zusammen, und die Jünglinge blieben darin hängen, konnten sich nicht mehr wieder losmachen und starben eines jämmerlichen Todes.

Nach langen Jahren kam wieder einmal ein Königssohn in das Land und hörte, wie ein alter Mann von der Dornenhecke erzählte, es sollte ein Schloss dahinter stehen, in welchem eine wunderschöne Königstochter, Dornröschen genannt, schon seit hundert Jahren schliefe, und mit ihr der König und die Königin und der ganze Hofstaat. Er wusste auch von seinem Großvater, dass schon viele Königssöhne gekommen wären und versucht hätten, durch die Dornenhecke zu dringen, aber sie wären darin hängen geblieben und eines traurigen Todes gestorben.

Da sprach der Jüngling laut: »Ich fürchte mich nicht, ich will hinaus und das schöne Dornröschen sehen!« Der gute Alte mochte ihm abraten, wie er wollte, er hörte nicht auf seine Worte. Nun waren aber gerade die hundert Jahre verflossen, und der Tag war gekommen, wo Dornröschen wieder erwachen sollte. Als der Königssohn sich der Dornenhecke näherte, waren es lauter große schöne Blumen, die taten sich von selbst auseinander und ließen ihn unbeschädigt hindurch, und hinter ihm taten sie sich wieder als Hecke zusammen. Im Schlosshof sah er die Pferde und scheckigen Jagdhunde liegen und schlafen, auf dem Dach saßen die Tauben und hatten das Köpfchen unter den Flügel gesteckt. Und als er ins Haus kam, schliefen die Fliegen an der Wand, der Koch in der Küche hielt noch die Hand, als wollte er den Jungen anpacken, und die Magd saß vor dem schwarzen Huhn, das sollte gerupft werden.

Da ging er weiter und sah im Saale den ganzen Hofstaat liegen und schlafen, und oben bei dem Throne lag der König und die Königin. Da ging er noch weiter, und alles war so still, dass einer seinen Atem hören konnte, und endlich kam er zu dem Turm und öffnete die Türe zu der kleinen Stube, in welcher Dornröschen schlief. Da lag es und war so schön, dass er die Augen nicht abwenden konnte, und er bückte sich und gab ihm einen Kuss.

Wie er es mit dem Kuss berührt hatte, schlug Dornröschen die Augen auf, erwachte und blickte ihn ganz freundlich an. Da gingen sie zusammen herab, und der König erwachte und die Königin und der ganze Hofstaat, und sahen einander mit großen Augen an. Und die Pferde im Hof standen auf und rüttelten sich; die Jagdhunde sprangen und wedelten; die Tauben auf dem Dach zogen das Köpfchen unterm Flügel hervor, sahen umher und flogen ins Feld; die Fliegen an den Wänden krochen weiter; das Feuer in der Küche erhob sich, flackerte und kochte das Essen; der Braten fing wieder an zu brutzeln; und der Koch gab dem Jungen eine Ohrfeige, dass er schrie; und die Magd rupfte das Huhn fertig.

Und da wurde die Hochzeit des Königssohns mit dem Dornröschen in aller Pracht gefeiert und sie lebten vergnügt bis an ihr Ende.

HIRSEDIEB

Märchen von Ludwig Bechstein

In einer Stadt wohnte ein reicher Kaufmann, der hatte an seinem Haus einen großen und prächtigen Garten, in dem auch ein Stück Land mit Hirse besät war. Als dieser Kaufmann einmal in seinem Garten herumspazierte – es war zur Frühjahrszeit und der Samen stand frisch und kräftig –, da sah er zu seinem großen Verdruss, dass nun vergangene Nacht von frecher Diebeshand ein Teil von seinem Hirsesamen abgegrast worden war. Und gerade dieser kleine Acker, auf den er alle Jahre Hirse säte, war ihm ganz besonders lieb. Er beschloss, den Dieb zu fangen und dann am Morgen zu strafen oder dem Gericht zu übergeben. Also rief er seine drei Söhne, Michel, Georg und Johannes, zu sich und sprach: »Heute Nacht war ein Dieb in unserm Garten und hat mir einen Teil Hirsesamen abgegrast, was mich sehr ärgert. Dieser Frevler muss sofort gefangen werden und soll mir büßen! Ihr, meine Söhne, sollt nun die Nächte hindurch wachen, einer nach dem andern, und wer den dreisten Dieb fängt, der soll von mir eine stattliche Belohnung bekommen.«

Der älteste, Michel, wachte die erste Nacht; er nahm sich etliche geladene Pistolen und einen scharfen Säbel, auch zu essen und zu trinken mit, hüllte sich in einen warmen Mantel und setzte sich hinter einen blühenden Holunderbusch, hinter dem er bald einschlief. Als er am hellen Morgen erwachte, war ein noch größeres Stück Hirsesamen abgegrast als vorige Nacht. Und als nun der Kaufmann in den Garten kam und sah, dass sein Sohn, anstatt zu wachen und den Dieb zu fangen, geschlafen hatte, wurde er noch ärgerlicher und schalt und höhnte ihn als einen braven Wächter, der ihm samt seinen Pistolen und Säbel selbst gestohlen werden könne!

Die nächste Nacht wachte Georg; dieser nahm sich nebst den Waffen, die sein Bruder vorige Nacht bei sich geführt, auch noch einen Knüppel und starke Stricke mit. Aber der gute Wächter Georg schlief ebenfalls ein und fand am Morgen, dass der Hirsedieb wieder tüchtig gegrast hatte. Der Vater wurde ganz wild und sagte: »Wenn der dritte Wächter ausgeschlafen hat, wird die Hirsesaat vollends beim Kuckuck sein!«

Die dritte Nacht kam nun Johannes an die Reihe. Dieser nahm trotz allem Zureden keine Waffen mit; doch hatte er sich ganz im Geheimen mit Waffen gegen den Schlaf versehen; er hatte sich Disteln und Dornen gesucht und diese vor sich aufgebaut. Wenn er nun einnicken wollte, stieß er mit der Nase an die Stacheln und wachte wieder auf. Als die Mitternacht herbeikam, hörte er ein Getrappel. Es kam näher und näher, näherte sich dem Hirsesamen, und da hörte Johannes ein recht fleißiges Abraufen. Halt, dachte er, hab ich dich! Und er zog einen Strick aus der Tasche, schob leise die Dornen zurück und schlich vorsichtig näher. Aber wer hätte das vermutet? Der Dieb war ein allerliebstes kleines Pferd. Johannes war hocherfreut, hatte auch mit dem

Einfangen gar keine Mühe; das Tierchen folgte ihm willig zum Stall, den Johannes fest verschloss. Und nun konnte er sich ganz bequem in seinem Bette ausschlafen. Am Morgen, als seine Brüder aufstanden und hinunter in den Garten gehen wollten, sahen sie mit Staunen, dass Johannes in seinem Bett lag und schlief. Da weckten sie ihn und höhnten ihn, dass er der beste Wächter sei, der es nicht einmal die Nacht ausgehalten habe auf seiner Wache. Aber Johannes sagte: »Seid nur still, ich will euch den Hirsedieb schon zeigen.« Und sein Vater und seine Brüder mussten ihm zum Stalle folgen, wo das seltsame Pferd stand, von dem niemand zu sagen wusste, woher es gekommen und wem es gehörte. Es war allerliebst anzusehen, von zartem Bau, und dazu ganz silberweiß.

Da hatte der Kaufmann eine große Freude und schenkte seinem wackeren Johannes das Pferd als Belohnung; der nahm es freudig an und nannte es Hirsedieb.

Bald aber hörten die Brüder, dass eine schöne Prinzessin verzaubert sei in einem Schloss, das auf einem gläsernen Berge stehe, zu dem niemand wegen der großen Glätte emporklimmen könne. Wer aber glücklich hinauf- und dreimal um das Schloss herumreite, der könne die schöne Prinzessin erlösen und bekomme sie zur Gemahlin. Unendlich viele hätten schon den Bergritt versucht, wären aber alle wieder herabgestürzt und lägen tot umher.

Diese Wundermär erscholl durchs ganze Land, und auch die drei Brüder bekamen Lust, ihr Glück zu versuchen, nach dem gläsernen Berg zu reiten und die schöne Prinzessin zu gewinnen. Michel und Georg kauften sich junge, starke Pferde, deren Hufeisen sie tüchtig schärfen ließen, und Johannes sattelte seinen kleinen Hirsedieb, und so ging es aus zum Glücksritt. Bald erreichten sie den gläsernen Berg, der Älteste ritt zuerst, aber ach – sein Ross glitt aus, stürzte mit ihm nieder, und beide, Ross und Mann, vergaßen das Wiederaufstehen. Der Zweite ritt, aber ach – sein Ross glitt aus, stürzte mit ihm nieder, und beide, Mann und Ross, vergaßen ebenso das Aufstehen. Nun ritt Johannes, und es ging trapp trapp trapp trapp trapp – droben waren sie, und wieder trapp trapp trapp trapp trapp, und sie waren dreimal ums Schloss herum, als ob Hirsedieb diesen gefährlichen Weg schon hundertmal gelaufen wäre. Nun standen sie vor der Schlosstür; diese ging auf und es trat die schöne Prinzessin heraus; sie war ganz in Seide und Gold gekleidet und breitete freudig die Arme nach Johannes aus. Und dieser stieg schnell vom Pferd und eilte, die holde Prinzessin zu umfangen.

Und die Prinzessin wandte sich dem Pferd zu, liebkoste es und sprach: »Du kleiner Schelm, warum bist du mir entlaufen? Nun darfst du uns nimmermehr verlassen.«

Und da begriff Johannes, dass sein Hirsedieb das Zauberpferd seiner schönen Prinzessin war. Seine Brüder kamen wieder auf von ihrem Fall, Johannes aber sahen sie nicht wieder, denn der lebte glücklich und allen Erdensorgen entrückt mit seiner Prinzessin im Zauberschloss auf dem gläsernen Berg.

Die Geschichte vom Kalif Storch

Märchen von Wilhelm Hauff

Der Kalif Chasid zu Bagdad saß einmal an einem schönen Nachmittag behaglich auf seinem Sofa. Er hatte ein wenig geschlafen, denn es war ein heißer Tag, und sah nun nach seinem Schläfchen recht heiter aus. Er rauchte aus einer langen Pfeife von Rosenholz, trank hie und da ein wenig Kaffee, den ihm ein Sklave einschenkte, und strich sich allemal vergnügt den Bart, wenn es ihm geschmeckt hatte. Kurz, man sah dem Kalifen an, dass es ihm recht wohl war. Um diese Stunde konnte man gar gut mit ihm reden, weil er da immer recht mild und leutselig war, deswegen besuchte ihn auch sein Großwesir Mansor alle Tage um diese Zeit. An diesem Nachmittag nun kam er auch, sah aber sehr nachdenklich aus, ganz gegen seine Gewohnheit. Der Kalif tat die Pfeife ein wenig aus dem Mund und sprach: »Warum machst du ein so nachdenkliches Gesicht, Großwesir?«

Der Großwesir schlug seine Arme kreuzweise über die Brust, verneigte sich vor seinem Herrn und antwortete: »Herr! Ob ich ein nachdenkliches Gesicht mache, weiß ich nicht, aber da drunten am Schloss steht ein Krämer, der hat so schöne Sachen, dass es mich ärgert, nicht viel überflüssiges Geld zu haben.«

Der Kalif, der seinem Großwesir schon lange gern eine Freude gemacht hätte, schickte seinen schwarzen Sklaven hinunter, um den Krämer heraufzuholen. Bald kam der Sklave mit dem Krämer zurück. Dieser war ein kleiner, dicker Mann, schwarzbraun im Gesicht und in zerlumptem Anzug. Er trug einen Kasten, in welchem er allerhand Waren hatte: Perlen und Ringe, reich beschlagene Pistolen, Becher und Kämme. Der Kalif und sein Wesir musterten alles durch, und der Kalif kaufte endlich für sich und Mansor schöne Pistolen, für die Frau des Wesirs aber einen Kamm. Als der Krämer seinen Kasten schon wieder zumachen wollte, sah der Kalif eine kleine Schublade und fragte, ob da auch noch Waren seien. Der Krämer zog die Schublade heraus und zeigte darin eine Dose mit schwärzlichem Pulver und ein Papier mit sonderbarer Schrift, die weder der Kalif noch Mansor lesen konnten. »Ich bekam einmal diese zwei Stücke von einem Kaufmann, der sie in Mekka auf der Straße fand«, sagte der Krämer. »Ich weiß nicht, was sie enthalten, Euch stehen sie um geringen Preis zu Dienst, ich kann doch nichts damit anfangen.« Der Kalif, der in seiner Bibliothek gerne alte Manuskripte hatte, wenn er sie auch nicht lesen konnte, kaufte Schrift und Dose und entließ den Krämer. Der Kalif aber dachte, er möchte gerne wissen, was die Schrift enthalte, und fragte den Wesir, ob er keinen kenne, der sie entziffern könnte.

»Gnädigster Herr und Gebieter«, antwortete dieser, »an der großen Moschee wohnt ein Mann, er heißt Selim, der Gelehrte, der versteht alle Sprachen, lass ihn kommen, vielleicht kennt er diese geheimnisvollen Züge.«

Der Gelehrte Selim war bald herbeigeholt. »Selim«, sprach der Kalif zu ihm, »Selim,

man sagt, du seiest sehr gelehrt, guck einmal ein wenig in diese Schrift, ob du sie lesen kannst. Kannst du sie lesen, so bekommst du ein neues Festkleid von mir, kannst du es nicht, so bekommst du zwölf Backenstreiche und fünfundzwanzig auf die Fußsohlen, weil man dich dann umsonst Selim, den Gelehrten, nennt.« Selim verneigte sich und sprach: »Dein Wille geschehe, o Herr!« Lange betrachtete er die Schrift, plötzlich rief er aus: »Das ist lateinisch, o Herr, oder ich lass mich hängen.«

»Sag, was drin steht«, befahl der Kalif, »wenn es lateinisch ist.«

Selim fing an zu übersetzen: »Mensch, der du dieses findest, preise Allah für seine Gnade. Wer von dem Pulver in dieser Dose schnupft und dazu spricht: Mutabor, der kann sich in jedes Tier verwandeln und versteht auch die Sprache der Tiere. Will er wieder in seine menschliche Gestalt zurückkehren, so neige er sich dreimal gegen Osten und spreche jenes Wort. Aber hüte dich, wenn du verwandelt bist, dass du nicht lachest, sonst verschwindet das Zauberwort gänzlich aus deinem Gedächtnis und du bleibst ein Tier.«

Als Selim, der Gelehrte, also gelesen hatte, war der Kalif über die Maßen vergnügt. Er ließ den Gelehrten schwören, niemand etwas von dem Geheimnis zu sagen, schenkte ihm ein schönes Kleid und entließ ihn. Zu seinem Großwesir aber sagte er: »Das heiße ich gut einkaufen, Mansor! Wie freue ich mich, bis ich ein Tier bin. Morgen früh kommst du zu mir, wir gehen dann miteinander aufs Feld, schnupfen ein wenig aus meiner Dose und belauschen dann, was in der Luft und im Wasser, im Wald und Feld gesprochen wird!«

Kaum hatte am anderen Morgen der Kalif Chasid gefrühstückt und sich angekleidet, als schon der Großwesir erschien, ihn, wie befohlen, auf dem Spaziergang zu begleiten. Der Kalif steckte die Dose mit dem Zauberpulver in den Gürtel, und nachdem er seinem Gefolge befohlen hatte, zurückzubleiben, machte er sich mit dem Großwesir ganz allein auf den Weg. Sie gingen durch die weiten Gärten des Kalifen, spähten aber vergebens nach etwas Lebendigem, um ihr Kunststück zu probieren. Der Wesir schlug endlich vor, weiter hinaus an einen Teich zu gehen, wo er schon oft viele Tiere, namentlich Störche gesehen habe, die durch ihr gravitätisches Wesen und Geklapper immer seine Aufmerksamkeit erregt hätten.

Der Kalif billigte den Vorschlag seines Wesirs und ging mit ihm dem Teich zu. Als sie dort angekommen waren, sahen sie einen Storch ernsthaft auf und ab gehen, Frösche suchend und hie und da etwas vor sich hin klappernd. Zugleich sahen sie auch weit oben in der Luft einen andern Storch dieser Gegend zuschweben.

»Ich wette meinen Bart, gnädigster Herr«, sagte der Großwesir, »wenn nicht diese zwei Langfüßler ein schönes Gespräch miteinander führen werden. Wie wäre es, wenn wir Störche würden?«

»Wohl gesprochen«, antwortete der Kalif. »Aber vorher wollen wir noch einmal

betrachten, wie man wieder Mensch wird. – Richtig! Dreimal gegen Osten geneigt und Mutabor gesagt, so bin ich wieder Kalif und du Wesir. Aber nur ums Himmels willen nicht gelacht, sonst sind wir verloren!«

Während der Kalif also sprach, sah er den andern Storch über ihrem Haupte schweben und sich langsam zur Erde lassen. Schnell zog er die Dose aus dem Gürtel, nahm eine gute Prise, bot sie dem Großwesir dar, der gleichfalls schnupfte, und beide riefen: »Mutabor!«

Da schrumpften tatsächlich ihre Beine ein und wurden dünn und rot, die schönen gelben Pantoffeln des Kalifen und seines Begleiters wurden unförmige Storchfüße, die Arme wurden zu Flügeln, der Hals fuhr aus den Achseln und wurde eine Elle lang, der Bart war verschwunden und den Körper bedeckten weiche Federn.

»Ihr habt einen hübschen Schnabel, Herr Großwesir«, sprach nach langem Erstaunen der Kalif. »Beim Bart des Propheten, so etwas habe ich in meinem Leben noch nicht gesehen.«

»Danke untertänigst«, erwiderte der Großwesir, indem er sich bückte, »aber wenn ich es wagen darf zu behaupten, Eure Hoheit sehen als Storch beinahe noch hübscher aus denn als Kalif. Aber kommt, wenn es Euch gefällig ist, dass wir unsere Kameraden dort belauschen und erfahren, ob wir wirklich die Storchensprache können.«

Indessen war der andere Storch auf der Erde angekommen, er putzte sich mit dem Schnabel seine Füße, legte seine Federn zurecht und ging auf den ersten Storch zu. Die beiden neuen Störche aber beeilten sich, in ihre Nähe zu kommen, und vernahmen zu ihrem Erstaunen folgendes Gespräch:

»Guten Morgen, Frau Langbein, so früh schon auf der Wiese?«

»Schönen Dank, liebe Klapperschnabel! Ich habe mir nur ein kleines Frühstück geholt.

Ist Euch vielleicht ein Viertelchen Eidechse gefällig oder ein Froschschenkelein?«
»Danke gehorsamst, habe heute gar keinen Appetit. Ich komme auch wegen etwas ganz anderem auf die Wiese. Ich soll heute vor den Gästen meines Vaters tanzen und da will ich mich im Stillen ein wenig üben.«

Zugleich schritt die junge Störchin in wunderlichen Bewegungen durch das Feld. Der Kalif und Mansor sahen ihr verwundert nach, als sie aber in malerischer Stellung auf einem Fuß stand und mit den Flügeln anmutig dazu wedelte, da konnten sich die beiden nicht mehr halten. Ein unaufhaltsames Gelächter brach aus ihren Schnäbeln hervor, von dem sie sich erst nach langer Zeit wieder erholten. Der Kalif fasste sich zuerst wieder: »Das war einmal ein Spaß«, rief er, »der nicht mit Gold zu bezahlen ist. Schade, dass die dummen Tiere durch unser Gelächter sich haben verscheuchen lassen, sonst hätten sie gewiss auch noch gesungen!«

Aber jetzt fiel es dem Großwesir ein, dass das Lachen während der Verwandlung verboten war. Er teilte seine Angst deswegen dem Kalifen mit. »Potz Mekka und Medina! Das wäre ein schlechter Spaß, wenn ich ein Storch bleiben müsste! Besinne dich doch auf das dumme Wort, ich bring es nicht heraus.«

»Dreimal gegen Osten müssen wir uns bücken und dazu sprechen: Mu – Mu – Mu –« Sie stellten sich gegen Osten und bückten sich in einem fort, sodass ihre Schnäbel beinahe die Erde berührten – aber, o Jammer! Das Zauberwort war ihnen entfallen, und sooft sich auch der Kalif bückte, so sehnlich auch sein Wesir »Mu–Mu–Mu« dazu rief, jede Erinnerung daran war verschwunden, und der arme Chasid und sein Wesir waren und blieben Störche.

Traurig wandelten die Verzauberten durch die Felder, sie wussten gar nicht, was sie in ihrem Elend anfangen sollten. Aus ihrer Storchenhaut konnten sie nicht heraus, in die Stadt zurück konnten sie auch nicht, um sich zu erkennen zu geben. Denn wer hätte einem Storch geglaubt, dass er der Kalif sei, und wenn man es auch geglaubt hätte, würden die Einwohner von Bagdad einen Storch zum Kalifen gewollt haben?

So schlichen sie mehrere Tage umher und ernährten sich kümmerlich von Feldfrüchten, die sie aber wegen ihrer langen Schnäbel nicht gut verspeisen konnten. Auf Eidechsen und Frösche hatten sie übrigens keinen Appetit, denn sie befürchteten, mit solchen Leckerbissen sich den Magen zu verderben. Ihr einziges Vergnügen in dieser traurigen Lage war, dass sie fliegen konnten, und so flogen sie oft auf die Dächer von Bagdad, um zu sehen, was darin vorging.

In den ersten Tagen bemerkten sie eine große Unruhe und Trauer in den Straßen, aber ungefähr am vierten Tag nach ihrer Verzauberung saßen sie auf dem Palast des Kalifen, da sahen sie unten in der Straße einen prächtigen Aufzug.

Trommeln und Pfeifen ertönten, ein Mann in einem goldgestickten Scharlachmantel saß auf einem geschmückten Pferd, umgeben von glänzenden Dienern. Halb Bagdad sprang ihm nach und alle schrien: »Heil Mizra, dem Herrscher von Bagdad!« Da sahen die beiden Störche auf dem Dache des Palastes einander an, und der Kalif Chasid sprach: »Ahnst du jetzt, warum ich verzaubert bin? Dieser Mizra ist der Sohn meines Todfeindes, des mächtigen Zauberers Kaschnur, der mir in einer bösen Stunde Rache schwor. Aber noch gebe ich die Hoffnung nicht auf. Komm mit mir, du treuer Gefährte meines Elends, wir wollen zum Grab des Propheten pilgern, vielleicht, dass an heiliger Stätte der Zauber gelöst wird.«

Sie erhoben sich vom Dach des Palastes und flogen der Gegend von Medina zu. Mit dem Fliegen wollte es aber gar nicht gut gehen, denn die beiden Störche hatten noch wenig Übung. »O Herr«, ächzte nach ein paar Stunden der Großwesir, »ich halte es – mit Eurer Erlaubnis – nicht mehr lange aus, Ihr fliegt gar zu schnell! Auch ist es schon Abend, und wir täten wohl, ein Unterkommen für die Nacht zu suchen.« Chasid gab der Bitte seines Dieners Gehör, und da er unten im Tal eine Ruine erblickte, die ein Obdach zu gewähren schien, so flogen sie dahin. Der Ort, wo sie sich für diese Nacht niedergelassen hatten, schien ehemals ein Schloss gewesen zu sein. Schöne Säulen ragten unter den Trümmern hervor, mehrere Gemächer, die noch ziemlich erhalten waren, zeugten von der ehemaligen Pracht des Hauses. Chasid und sein Begleiter gingen durch die Gänge, um sich ein trockenes Plätzchen zu suchen. Plötzlich blieb der Storch Mansor stehen. »Herr und Gebieter«, flüsterte er leise, »wenn es nur nicht töricht für einen Großwesir, noch mehr aber für einen Storch wäre, sich vor Gespenstern zu fürchten! Mir ist ganz unheimlich zumut, denn hier neben mir hat es ganz vernehmlich geseufzt und gestöhnt.«

Der Kalif blieb nun auch stehen und hörte ganz deutlich ein leises Weinen, das eher einem Menschen als einem Tier anzugehören schien. Voll Erwartung wollte er der Gegend zugehen, woher die Klagetöne kamen, der Wesir aber packte ihn mit dem Schnabel am Flügel und bat ihn flehentlich, sich nicht in neue, unbekannte Gefahren zu stürzen. Doch vergebens! Der Kalif, dem auch unter dem Storchenflügel ein tapferes Herz schlug, riss sich mit Verlust einiger Federn los und eilte in einen finsteren Gang. Bald war er an einer Tür angelangt, die nur angelehnt schien und woraus er deutliche Seufzer mit ein wenig Geheul vernahm. Er stieß mit dem Schnabel die Tür auf, blieb aber überrascht auf der Schwelle stehen. In dem verfallenen Gemach, das nur durch ein kleines Gitterfenster spärlich erleuchtet war, sah er eine große Nachteule am Boden sitzen. Dicke Tränen rollten ihr aus den großen, runden Augen, und mit heiserer Stimme stieß sie ihre Klagen aus dem krummen Schnabel heraus. Als sie aber den Kalifen und seinen Wesir, der indes auch herbeigeschlichen war, erblickte, erhob sie ein lautes Freudengeschrei. Zierlich wischte sie mit dem braungefleckten Flügel die Tränen aus den Augen, und zum großen Erstaunen der beiden rief sie in gutem menschlichen Arabisch: »Willkommen, ihr Störche! Ihr seid ein Zeichen meiner Errettung, denn durch Störche werde mir ein großes Glück kommen, ist mir einst prophezeit worden!«

Als sich der Kalif von seinem Erstaunen erholt hatte, bückte er sich mit seinem langen Hals, brachte seine dünnen Füße in eine zierliche Stellung und sprach: »Nachteule! Deinen Worten nach darf ich glauben, eine Leidensgefährtin in dir zu sehen. Aber ach! Deine Hoffnung, dass durch uns deine Rettung kommen werde, ist vergeblich. Du wirst unsere Hilflosigkeit selbst erkennen, wenn du unsere Geschichte hörst.« Die Nachteule bat ihn zu erzählen, der Kalif fing an und erzählte, was wir bereits wissen.

Als der Kalif seine Geschichte vorgetragen hatte, dankte sie ihm und sagte: »Vernimm auch meine Geschichte und höre, wie ich nicht weniger unglücklich bin als du. Mein Vater ist der König von Indien, ich, seine einzige, unglückliche Tochter, heiße Lusa. Jener Zauberer Kaschnur, der euch verzauberte, hat auch mich ins Unglück gestürzt. Er kam eines Tages zu meinem Vater und begehrte mich zur Frau für seinen Sohn Mizra. Mein Vater aber, der ein hitziger Mann ist, ließ ihn die Treppe hinunterwerfen. Der Elende wusste sich unter einer andern Gestalt wieder in meine Nähe zu schleichen, und als ich einst in meinem Garten Erfrischungen zu mir nehmen wollte, brachte er mir, als Sklave verkleidet, einen Trank bei, der mich in diese abscheuliche Gestalt verwandelte. Vor Schrecken ohnmächtig, brachte er mich hierher und rief mir mit schrecklicher Stimme in die Ohren: ›Da sollst du bleiben, hässlich, selbst von den Tieren verachtet, bis an dein Ende oder bis einer dich aus freiem Willen, selbst in dieser schrecklichen Gestalt, zur Gattin begehrt. So räche ich mich an dir und deinem stolzen Vater.‹ Viele Monate sind nun verflossen. Einsam und traurig lebe ich als Einsiedlerin in diesem Gemäuer, verabscheut von der Welt, selbst den Tieren ein Gräuel. Die schöne Natur ist vor mir verschlossen, denn ich bin blind am Tage, und nur wenn der Mond sein bleiches Licht über dies Gemäuer ausgießt, fällt der verhüllende Schleier von meinen Augen.«

46

Die Eule hatte geendet und wischte sich mit dem Flügel wieder die Augen aus, denn die Erzählung ihrer Leiden hatte ihr Tränen entlockt.

Der Kalif war bei der Erzählung der Prinzessin in tiefes Nachdenken versunken.

»Wenn mich nicht alles täuscht«, sprach er, »so findet zwischen unserem Unglück ein geheimer Zusammenhang statt, aber wo finde ich den Schlüssel zu diesem Rätsel?«

Die Eule antwortete ihm: »O Herr! Auch ich ahne dies, denn es ist mir einst in meiner frühen Jugend von einer weisen Frau prophezeit worden, dass ein Storch mir ein großes Glück bringen werde, und ich wüsste vielleicht, wie wir uns retten könnten.«

Der Kalif war sehr erstaunt und fragte, auf welchem Wege sie meine. »Der Zauberer, der uns beide unglücklich gemacht hat«, sagte sie, »kommt jeden Monat einmal in diese Ruine. Nicht weit von diesem Gemach ist ein Saal. Dort pflegte er dann mit vielen Genossen zu schmausen. Schon oft habe ich sie dort belauscht. Sie erzählen einander dann ihre schändlichen Werke, vielleicht, dass er dann das Zauberwort, das ihr vergessen habt, ausspricht.«

»O, teuerste Prinzessin«, rief der Kalif, »sag, wann kommt er und wo ist der Saal?«

Die Eule schwieg einen Augenblick und sprach dann: »Nehmt es nicht ungütig, aber nur unter einer Bedingung kann ich Euern Wunsch erfüllen.«

»Sprich aus! Sprich aus!«, schrie Chasid, »befiehl, es ist mir jede recht.«

»Nämlich, ich möchte auch gern zugleich frei sein, dies kann aber nur geschehen, wenn mir einer von euch seine Hand reicht.«

Die Störche schienen über den Antrag etwas betroffen zu sein, und der Kalif winkte seinem Diener, ein wenig mit ihm hinauszugehen. »Großwesir«, sprach vor der Tür der Kalif, »das ist ein dummer Handel, aber Ihr könntet sie schon nehmen.«

»So?«, antwortete dieser, »dass mir meine Frau, wenn ich nach Hause komme, die Augen auskratzt? Auch bin ich ein alter Mann, und Ihr seid schließlich noch jung und unverheiratet und könntet eher einer jungen, schönen Prinzessin die Hand geben.«

»Das ist es eben«, seufzte der Kalif, indem er traurig die Flügel hängen ließ, »wer sagt dir denn, dass sie jung und schön ist? Das heißt eine Katze im Sack kaufen!«

Sie redeten einander noch lange zu, endlich aber, als der Kalif sah, dass sein Wesir lieber Storch bleiben als die Eule heiraten wollte, entschloss er sich, die Bedingung lieber selbst zu erfüllen. Die Eule war hocherfreut. Sie gestand ihnen, dass sie zu keiner bessern Zeit hätten kommen können, weil wahrscheinlich in dieser Nacht die Zauberer sich versammeln würden. Sie verließ mit den Störchen das Gemach, um sie in jenen Saal zu führen. Sie gingen lange in einem finstern Gang hin, endlich strahlte ihnen aus einer halb verfallenen Mauer ein heller Schein entgegen. Als sie dort angelangt waren, riet ihnen die Eule, sich ruhig zu verhalten. Sie konnten von der Lücke, an welcher sie standen, einen großen Saal übersehen. Er war ringsum mit Säulen geschmückt und prachtvoll verziert. Viele farbige Lampen ersetzten das Licht des Tages. In der Mitte des Saales stand ein runder Tisch, mit vielen und ausgesuchten Speisen besetzt.

Rings um den Tisch zog sich ein Sofa, auf welchem acht Männer saßen. In einem dieser Männer erkannten die Störche jenen Krämer wieder, der ihnen das Zauberpulver verkauft hatte. Sein Nachbar forderte ihn auf, ihnen seine neuesten Taten zu erzählen. Er erzählte unter anderem auch die Geschichte des Kalifen und seines Wesirs. »Was für ein Wort hast du ihnen aufgegeben?«, fragte ihn ein anderer Zauberer. »Ein recht schweres lateinisches, es heißt Mutabor.«

Als die Störche an ihrer Mauerlücke dieses hörten, kamen sie vor Freude beinahe außer sich. Sie liefen auf ihren langen Fügen so schnell dem Tor der Ruine zu, dass die Eule kaum folgen konnte. Dort sprach der Kalif gerührt zu der Eule: »Retterin meines Lebens und des Lebens meines Freundes! Nimm zum ewigen Dank für das, was du an uns getan hast, mich zum Gemahl an.« – Dann aber wandte er sich nach Osten. Dreimal bückten die Störche ihre langen Hälse der Sonne entgegen, die soeben hinter dem Gebirge heraufstieg. »Mutabor!«, riefen sie, im Nu waren sie verwandelt, und in der hohen Freude des neugeschenkten Lebens lagen Herr und Diener lachend und weinend einander in den Armen. Wer beschreibt aber ihr Erstaunen, als sie sich umsahen! Eine schöne Dame, herrlich geschmückt, stand vor ihnen. Lächelnd gab sie dem Kalifen die Hand. »Erkennt Ihr Eure Nachteule nicht mehr?«, sagte sie. Sie war es, der Kalif war von ihrer Schönheit und Anmut so entzückt, dass er ausrief, es sei sein größtes Glück, dass er Storch geworden sei.
Die drei zogen nun miteinander auf Bagdad zu. Der Kalif fand in seinen Kleidern nicht nur die Dose mit dem Zauberpulver, sondern auch seinen Geldbeutel. Er kaufte daher im nächsten Dorf, was zu ihrer Reise nötig war, und so kamen sie bald an die Tore von Bagdad. Dort aber erregte die Ankunft des Kalifen großes Erstaunen. Man hatte ihn für tot ausgegeben, und das Volk war daher hocherfreut, seinen geliebten Herrscher wiederzuhaben. Um so mehr aber entbrannte ihr Hass gegen den Betrüger Mizra. Sie zogen in den Palast und nahmen den alten Zauberer und seinen Sohn gefangen. Den Alten schickte der Kalif in dasselbe Gemach der Ruine, das die Prinzessin als Eule bewohnt hatte, und ließ ihn dort aufhängen. Dem Sohn aber, der nichts von den Künsten des Vaters verstand, ließ der Kalif die Wahl, ob er sterben oder schnupfen wolle. Als er das Letztere wählte, bot ihm der Großwesir die Dose. Eine tüchtige Prise – und das Zauberwort des Kalifen verwandelte ihn in einen Storch. Der Kalif ließ ihn in einen eisernen Käfig sperren und in seinem Garten aufstellen. Lange und vergnügt lebte der Kalif Chasid mit seiner Frau, der Prinzessin.

»VON KLUGEN KATZEN,
        NIMMERSATTEN ZIEGEN
UND DEM KÖNIG DER LÜFTE«

Warum Hunde und Katzen einander feind sind

Deutsches Volksgut

Wenn es etwas zu bereden gibt unter den Menschen, dann kommen einige von ihnen in großen Räumen zusammen, und da sitzen sie dann und reden und streiten, und nach vielen Stunden ist die Versammlung zu Ende.

Auch bei den Tieren war es Zeit für eine Versammlung.

Wichtiges sollte besprochen werden, und so schickten alle Tierarten einen Vertreter zum Versammlungsort beim hohen Felsen nahe dem Fluss.

Die Vögel kamen und die Fische, ein Löwe war da, ein Panter, ein Känguru, ein Kamel, auch eine Kuh und ein Hase. Von allen Seiten kamen die Tiere, bis sie alle beisammen waren. Nur der Elefant fehlte noch.

Als er nach Stunden immer noch nicht da war, beschlossen die Tiere einen Boten auszuschicken, um ihn zu holen.

Die Wahl fiel auf den Hund.

»Ich laufe gerne los«, sagte der Hund. »Aber wie erkenne ich den Elefanten? Ich habe in meinem ganzen Leben noch nie einen gesehen!«

»Den findest du leicht«, sagten die Tiere. »Achte einfach auf seinen runden Rücken!«

»Ein runder Rücken! Das ist leicht zu merken!«, rief der Hund und rannte los.

Schon bald begegnete der Hund einer Katze, die gerade einen Buckel machte.

»Na also, ein runder Rücken!«, dachte der Hund bei sich. »Das war leicht!«

Er sprach die Katze an und bat sie freundlich, ihn zu begleiten.

Die anderen Tiere würden sie erwarten.

»Hier ist der Elefant!«, sagte der Hund stolz, als sie bei der Versammlung der Tiere angekommen waren. Die Katze wunderte sich und machte einen hohen Buckel.

Da erhob sich unter den Tieren ein gewaltiges Gelächter, das gar nicht mehr aufhören wollte.

War das ein Gackern und Gurren, ein Klappern und Schnattern, ein Kichern und Krächzen, ein Johlen und Jaulen!

Der Hund versteckte sich vor Scham und Zorn hinter dem nächsten Busch. Die Katze fauchte ihn zornig an und verschwand mit raschen Sprüngen zwischen den Bäumen.

Seit damals sind Hund und Katze einander Feind, und sobald ein Hund eine Katze sieht, jagt er sie davon, aus Angst, sie könnte jemandem die alte Geschichte erzählen, die Geschichte vom Elefanten und dem runden Rücken …

WARUM DIE FRÖSCHE QUAKEN

Abessinisches Märchen

In einem Teich nahe des Dorfes lebten viele Frösche.

Der Teich war groß und bot Platz für alle. Wenn die Menschen des Dorfes zum Wasser kamen, so ließen sie die Frösche in Ruhe.

Es war ein gutes Leben, für die Menschen und für die Frösche.

Bis eines Tages eine Hütte im Dorf Feuer fing! Die Dächer der Hütten im Dorf waren aus Stroh, und rasch sprang das Feuer – ein Funke genügte – von Dach zu Dach, von Hütte zu Hütte, bis das ganze Dorf in Flammen stand.

Als der älteste Frosch im Teich den hellen Feuerschein sah, wusste er, was geschehen war.

»Das Dorf brennt!«, rief er laut. »Das Dorf brennt!«

Und er jammerte und wehklagte und wollte gar nicht mehr damit aufhören.

»Was jammerst und schreist du?«, fragte ein junger Frosch.

»Wir sind hier im Wasser, das Feuer kann uns nichts anhaben! Wir sind in Sicherheit!«

»Nicht mehr lange«, rief der alte Frosch. »Nicht mehr lange! Siehst du denn nicht, was bald geschehen wird?«

Der junge Frosch sprang im Wasser auf und ab.

»Was soll schon geschehen?«, fragte er. »Wer im Wasser ist, braucht das Feuer nicht zu fürchten!«

»Du irrst dich, junger Freund!«, sagte der älteste Frosch im Teich, der schon viel erlebt hatte. »Wenn die Brunnen im Dorf kein Wasser mehr geben und leer sind, dann werden die Menschen zum Teich laufen. Mit großen Behältern werden sie Wasser aus dem Teich schöpfen, um das Feuer zu löschen. Sie werden nicht auf uns achten, weil das Feuer ihren Blick trübt. Sie werden uns mit dem Wasser aus dem Teich schöpfen, und wir werden ins Feuer fallen und verbrennen!«

Da erschraken alle Frösche im Teich, und die Jungen riefen aufgeregt durcheinander: »Sag! Sag! Sag! Wann wird das sein? Ist heute der Tag? Sag! Sag! Sag!«

Immer lauter riefen sie, von allen Seiten hörte man: »Sag! Sag! Sag! Ist heute der Tag? Sag! Sag! Sag!«

Es klang so, als würde der Teich mit vielen Stimmen in die Nacht hineinrufen.

»Hörst du das?«, fragten die Menschen, die erschöpft vom Feuerlöschen im nahen Gras lagen.

»Hörst du dieses ›Quak! Quak!‹ der Frösche? Sie beklagen unser Dorf, das abgebrannt ist! Hörst du ihr Klagelied?«

Und sie hörten den Fröschen zu, bis ihre Augen schwer wurden und sie einschliefen. Bis heute haben die Frösche Angst vor dem Feuer.

Sie haben Angst vor dem Feuer, und sie haben Angst davor, dass jemand kommt und sie mit dem Wasser ins Feuer schüttet!

»Sag! Sag! Sag! Ist heute ein Feuertag? Sag! Sag! Sag!«, fragen die jungen Frösche die ältesten im Teich, und immerzu hört man es überall auf der Welt an den Teichen rufen: »Sag! Sag! Sag! Ist heute ein Feuertag? Sag! Sag! Sag! Ist heute so ein Tag? Sag! Sag! Sag!«

So rufen und rufen sie, auch wenn weit und breit kein Feuerschein zu sehen ist.

Und die Menschen kommen zum Wasser und sagen: »Hörst du das ›Quak! Quak!‹ der Frösche? Wie schön sie doch quaken!«

Und dann bleiben sie lange am Teich sitzen und hören zu, bis ihnen die Augen schwer werden …

Warum die Hasen die Rinde der Bäume abnagen

Märchen aus Japan

In alter, alter Zeit saß die Kröte eines Tages auf einem Hügel und freute sich über eine Schüssel mit süßem Hirsebrei, die vor ihr stand.

Sie war auf einem Fest gewesen und zum Abschied hatte man ihr die Schüssel mit dem Brei mitgegeben.

Als sie gerade anfangen wollte, den guten, süßen Brei zu essen, kam ein Hase vorbei.

»Ach, was ist das für ein schöner Tag!«, sagte der Hase. »Ist das nicht ein Tag für einen kleinen Wettkampf? Ich liebe Wettkämpfe!«

Der Hase war hungrig und überlegte, wie er an den süßen Brei gelangen konnte.

»Lass uns ein Wettrennen machen«, sagte er. »Der erste Preis ist diese Schüssel voller Brei! Wir lassen die Schüssel dort den Hügel hinabrollen. Wer zuerst beim Brei ist und ihn einholt, der hat gewonnen und darf ihn ganz allein aufessen!«

Die Kröte dachte kurz nach.

»Meinetwegen«, sagte sie.

Aber weil sie wusste, wie schnell der Hase laufen konnte und wie langsam sie selbst war, gab sie heimlich ein wenig Wasser in die Schüssel.

Als sie nun auf dem Hügel standen und die Schüssel hinabrollen ließen, sauste der Hase sofort los. Er war so schnell, dass er gar nicht merkte, dass das Wasser schon nach wenigen Metern den Brei aus der Schüssel zu lösen begann. Der Brei blieb an einem Baumstamm hängen.

Die leere Schüssel rollte und rollte den Hügel hinab und wurde dabei immer schneller. Der Hase sprang ihr mit großen Sprüngen nach und schon bald hatte er sie eingeholt. Aber wie staunte er, als er sah, dass die Schüssel leer war!

Hoch oben auf dem Hügel, bei einem Baumstamm, saß die Kröte und aß gemütlich den süßen Brei, der bei der Rinde eines Baumstamms liegen geblieben war.

Hungrig hoppelte der Hase den Hügel hinauf.

»Hm, wie das schmeckt!«, sagte die Kröte und ließ es sich munden.

Dann wünschte sie dem Hasen noch einen schönen Tag und verschwand im Gras.

Sofort begann der Hase die Rinde des Baumstamms abzunagen, auf der noch ein wenig Brei übrig geblieben war, so hungrig war er inzwischen geworden.

Seit damals nagen die Hasen, wenn sie Hunger haben, die Rinde der Bäume ab.

Und immer hoffen sie, dass die Rinde nach süßem Hirsebrei schmeckt …

WIE DIE ZIEGE ZUM HAUSTIER WURDE

Afrikanisches Märchen

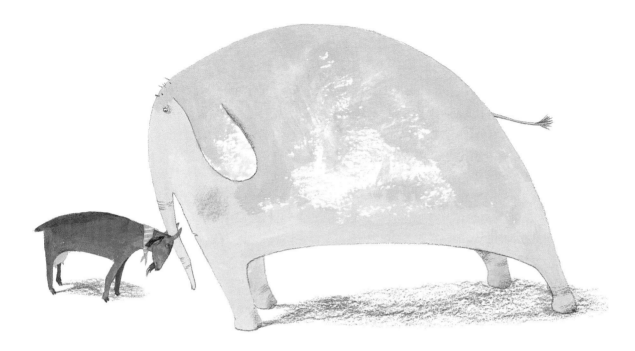

Der Elefant und die Ziege hatten Streit.

»Ich kann hundert Mal mehr essen wie du!«, sagte der Elefant und machte sich über die schmale Ziege lustig.

»Das wollen wir sehen!«, rief die Ziege und biss zornig einen Grashalm ab.

Der Streit dauerte drei Tage und drei Nächte.

Schließlich gingen die beiden zum Löwen, dem König der Tiere, und baten ihn, ihr Schiedsrichter zu sein.

»Ich werde euch morgen auf ein großes Feld führen«, sagte der Löwe.

»Wer von euch beiden am meisten fressen kann, der soll zu den Zweibeinern gehen, zu den Menschen, denn sie werden seinen Hunger stillen können. Wer aber verliert, der soll sich vor mir in Acht nehmen, denn auch ich habe einen großen Appetit, und wenn ich Hunger habe, werde ich ihn jagen!«

Die Ziege und der Elefant waren einverstanden.

Früh am Morgen gingen sie mit dem Löwen auf ein großes Feld, und sofort begannen beide zu fressen.

Der Elefant knickte mit seinem Rüssel ganze Bäume um und lachte über die Ziege, die sich über ein kleines Grasbüschel hermachte.

Endlich wurde es dunkel, und der Elefant und die Ziege legten sich auf eine Felsplatte, um sich auszuruhen. Auf dem Felsen wuchs kein einziger Halm.

Trotzdem sah der Elefant die Ziege unablässig kauen.

»Was machst du da?«, fragte der Elefant, dem die Ziege unheimlich wurde.

»Ich habe noch Hunger«, sagte die Ziege. »Also esse ich ein wenig von dem Felsen, der harte Stein muss gut gekaut werden.«

Der Elefant wusste nicht, dass die Ziege eine Wiederkäuerin war, die noch immer das zuvor gefressene Gras verdaute.

»Ich fürchte, ich bin noch lange nicht satt«, sagte die Ziege. »Wenn ich den Felsen aufgegessen habe, bist du an der Reihe!«

Da begann sich der Elefant vor der Ziege zu fürchten. Er sprang auf und rannte zum nahen Wald, um sich vor der Ziege zu verstecken.

Als der Löwe das sah, ließ er die Ziege zu sich kommen.

»Du hast die Wette gewonnen!«, sagte er.

»Da du allein nicht satt werden kannst, sollst du unter den Menschen leben. Sie werden dir so viel zu essen geben, wie du brauchst!«

Seit jener Zeit ist die Ziege ein Haustier, sie lebt mit den Menschen und wird von ihnen gefüttert.

Der Elefant aber streift weiterhin durch die Länder und Wälder, er geht den Menschen aus dem Weg, und auch den Ziegen …

Und wenn er einen Löwen sieht, dann muss er an die verlorene Wette denken und macht sich schnell aus dem Staub …

VOM KLEINEN FERKEL, DAS NICHT HEIMGEHEN WOLLTE

Märchen aus Frankreich

Es war einmal ein kleines Ferkel, das wollte nicht heimgehen.

Es stand im Wald und fraß Eicheln, und obwohl es schon mehr als genug gefressen hatte, blieb es auf der Lichtung stehen und grunzte zufrieden.

»Komm, kleines Ferkelchen«, sagte die Frau, die es zurück zum Bauernhof bringen wollte. »Du musst heimgehen. Wenn du nicht mitkommst, dann hole ich den Hund!«

Das kleine Ferkel wälzte sich vergnügt im Schlamm.

Da ging die Frau zum Hund und sagte: »Liebes Hündchen, beiß das Ferkelchen, das Ferkelchen will nicht heimgehen!«

»Das Ferkelchen hat mir nichts getan«, sagte das Hündchen, »so tu ich dem Ferkelchen auch nichts!«

Da ging die Frau zum Stock und sagte: »Liebes Stöckchen, schlag das Hündchen, das Hündchen will das Ferkelchen nicht beißen, und das Ferkelchen will nicht heimgehen!«

»Das Hündchen hat mir nichts getan«, sagte das Stöckchen, »so tu ich dem Hündchen auch nichts!«

Da ging die Frau zum Feuer und sagte: »Liebes Feuerchen, brenn das Stöckchen an, das Stöckchen will das Hündchen nicht schlagen, das Hündchen will das Ferkelchen nicht beißen, das Ferkelchen will nicht heimgehen!«

»Das Stöckchen hat mir nichts getan«, sagte das Feuer, »so tu ich dem Stöckchen auch nichts!«

Da ging die Frau zum Wasser und sagte: »Liebes Wässerchen, lösch das Feuerchen, das Feuerchen will das Stöckchen nicht anbrennen, das Stöckchen will das Hündchen nicht schlagen, das Hündchen will das Ferkelchen nicht beißen, das Ferkelchen will nicht heimgehen!«

»Das Feuerchen hat mir nichts getan«, sagte das Wasser, »so tu ich dem Feuerchen auch nichts.«

Da ging die Frau zur Kuh und sagte: »Liebes Kühlein, trink vom Wässerchen, das Wässerchen will das Feuerchen nicht löschen, das Feuerchen will das Stöckchen nicht anbrennen, das Stöckchen will das Hündchen nicht schlagen, das Hündchen will das Ferkelchen nicht beißen, das Ferkelchen will nicht heimgehen!«

»Das Wässerchen hat mir nichts getan«, sagte das Kühlein, »so tu ich dem Wässerchen auch nichts!«

Da ging die Frau zum Metzger und sagte: »Lieber Metzger, schlacht mir das Kühlein, das Kühlein will nicht vom Wässerchen trinken, das Wässerchen will das Feuerchen nicht löschen, das Feuerchen will das Stöckchen nicht anbrennen, das Stöckchen will das Hündchen nicht schlagen, das Hündchen will das Ferkelchen nicht beißen, das Ferkelchen will nicht heimgehen!«

Da sagte der Metzger: »Das Kühlein hat mir nichts getan, so tu ich dem Kühlein auch nichts.«

Da ging die Frau zum Henker und sagte: »Henker, henk mir den Metzger, der Metzger will das Kühlein nicht schlachten, das Kühlein will nicht vom Wässerchen trinken, das Wässerchen will das Feuerchen nicht löschen, das Feuerchen will das Stöckchen nicht anbrennen, das Stöckchen will das Hündchen nicht schlagen, das Hündchen will das Ferkelchen nicht beißen, das Ferkelchen will nicht heimgehen.«

Da wollte der Henker den Metzger henken.

Der Metzger sagte: »Bevor ich gehenkt werde, schlachte ich lieber das Kühlein!«

Das Kühlein sagte: »Bevor ich geschlachtet werde, trink ich lieber vom Wässerchen!«

Das Wässerchen sagte: »Bevor ich getrunken werde, lösch ich lieber das Feuerchen!«

Das Feuerchen sagte: »Bevor ich gelöscht werde, brenne ich lieber das Stöckchen an!«

Das Stöckchen sagte: »Bevor ich angebrannt werde, schlag ich lieber das Hündchen!«

Das Hündchen sagte: »Bevor ich geschlagen werde, beiß ich lieber das Ferkelchen!« Da ist das kleine Ferkelchen einfach heimgegangen, und keiner hat dem anderen etwas zu Leid getan.

60

Der König der Vögel

Märchen aus England

Vogelfederleicht! Wer möchte es nicht sein!

Höher und höher steigen, sich vom Wind tragen lassen, unterm Himmel durch die Luft schweben, so als hätte man kein Gewicht und wäre ganz aus Flaum und Luft!

Die kleinen und die großen Vögel können das!

Sie breiten ihre Flügel aus und dann steigen sie weit in den Himmel hinauf, so weit, dass sie wie kleine schwarze Punkte zwischen den Wolken verschwinden.

Eines Tages ließ der Adler die Vertreter aller Vogelarten zusammenkommen, damit sie bestimmten, wer unter ihnen der König der Vögel sein sollte.

»Wer am höchsten fliegen kann – der soll unser König sein!«, rief der Adler und alle waren damit einverstanden.

Sofort begannen sie mit dem Wettbewerb.

Die Krähe flog so hoch sie nur konnte und ließ von oben ihr »Krah, krah!« hören.

Die Lerche flog weit in den Himmel hinein und jubilierte in der Höhe, dass es weithin zu hören war.

Während alle Vögel ihre Flugkünste zeigten, versteckte sich die kleine Blaumeise im Gefieder des Adlers.

Als der Adler an der Reihe war, stieg er hoch in die Luft, höher als alle anderen Vögel.

Stolz breitete er seine Flügel aus und ließ einen lauten Schrei ertönen.

Als ihn langsam die Kraft verließ und er wieder an Höhe verlor, da schlüpfte die kleine Blaumeise unbemerkt aus ihrem Versteck und stieg schnell und kraftvoll in die Höhe, weiter noch, als es der Adler geschafft hatte.

Laut und fröhlich zwitscherte sie ihr Lied und flog vergnügt zwischen den Wolken umher.

Da staunten die Vögel unten am Boden und konnten es gar nicht glauben.

Als die kleine Blaumeise zu ihren Füßen landete, da verneigten sich alle vor ihr und der erschöpfte Adler sagte: »Das ist er, der König der Vögel!«

Und so kam es, dass die kleine Blaumeise zum König wurde.

Und wie ein kleiner König saust sie auch heute noch
– vogelfederleicht – kreuz und quer durch die Luft.

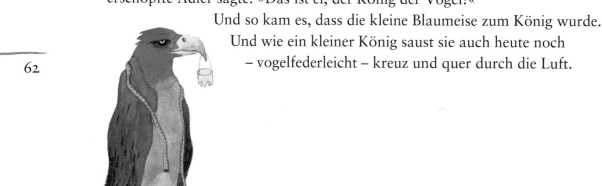

DIE KLUGE KATZE

Märchen aus Korea

Als es einmal im Land wenig zu essen gab, versammelten sich alle Mäuse im königlichen Speicher und ließen es sich dort gut gehen.

Da gab es genug zu essen und zu trinken, da konnte man es aushalten!

Aber immer, wenn die Beamten des Königs Nachschau hielten, fehlte etwas: einmal ein gewaltiger Laib Brot, dann wieder ein ganzes Stück Käse, so groß wie ein Rad.

So ging das viele Tage und Nächte.

Da wurde der König zornig und befahl, dass die klügste Katze des Landes geholt werden sollte.

Schon bald wurde eine Katze, die im ganzen Land für ihre Klugheit bekannt war, zu den Mäusen in den königlichen Speicher gesperrt.

Sie fing viele Mäuse, aber nach einigen Tagen wurden die Mäuse vorsichtiger, und obwohl weiterhin Vorräte verschwanden, konnte die Katze keine Maus mehr fangen.

Die kluge Katze dachte nach.

Sie zog einen schwarzen Trauermantel an, setzte sich einen schwarzen Trauerhut auf und nahm den Trauerstab. So setzte sie sich auf den Boden, sah nicht links und nicht rechts, keine Maus musste sich mehr vor ihr fürchten.

»Die Katze trauert«, sagten die Mäuse. »Vielleicht hat sie einen guten Freund verloren. Sie hat jetzt gar keine Augen und Ohren für uns!«

Unbekümmert rannten sie kreuz und quer im Speicher umher.

Da war die Katze mit einem Satz aufgesprungen, und mit einem Schlag erwischte sie viele von ihnen.

Die anderen Mäuse versteckten sich.

So rasch würden sie der Katze nicht mehr in die Falle gehen!

Da fiel die Katze plötzlich tot um.

Regungslos lag sie auf dem Boden. Hatte ihr altes Herz versagt?

Einige Mäuse kamen vorsichtig näher.

Die Katze bewegte sich nicht. Ein paar mutige Mäuse zwickten ihr in den Schwanz und kletterten auf ihren Bauch. Die Katze rührte sich nicht.

»Das muss gefeiert werden!«, riefen die Mäuse.

»Die Katze ist tot! Endlich haben wir Ruhe vor ihr!«

Neugierig kamen einige Mäuse aus ihrem Versteck.

In dieser Sekunde war die Katze wieder lebendig und schnappte nach ihnen, und nur wenige Mäuse konnten ihr entwischen.

»Von jetzt an sind wir gewarnt!«, sagten die wenigen Mäuse, die noch im Speicher lebten.

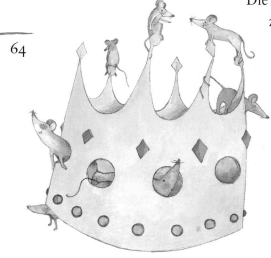

»Diese Katze wird uns nicht mehr überlisten!«

Ein paar Tage später war die Katze verschwunden.

Neue Nahrungsmittel wurden in den Speicher gebracht und die Mäuse freuten sich.

Auch ein richtiger Mehlberg war dabei, weiß und verlockend stand er vor ihnen.

Die Mäuse versammelten sich vor dem Berg aus Mehl.

Gerade als sie ihn kosten wollten, begann sich der Berg zu bewegen, und die Katze – von oben bis unten weiß wie Mehl – sprang auf sie zu.

So schnell sie auch rannten, keine einzige Maus konnte der klugen Katze entkommen.

Sie hatte sich vom Koch über und über mit Mehl bestäuben lassen, und so hatte sie die Mäuse zum dritten Mal getäuscht …

Die kluge Katze wurde zum König gebracht.

»Wir sind dir sehr dankbar. Wir werden dich reich belohnen«, sagte der König. »Und zu allen Geschenken bekommst du noch einen Ehrentitel!«

Er ließ die weisesten Männer des Landes kommen. Sie sollten einen Ehrentitel für die kluge Katze finden.

»Es muss ein hoher Titel sein«, sagte einer der Männer.

»Was ist höher als der Himmel? Wir wollen die Katze ›Himmel‹ nennen!«

»Der Himmel wird oft von Wolken verdeckt«, sagte ein anderer nachdenklich.

»Vielleicht sind die Wolken noch mächtiger als der Himmel. Wir wollen die Katze ›Wolke‹ nennen!«

»Aber die Wolke«, sagte ein dritter, »wird vom Wind verjagt! Wie leicht er sie über den Himmel treiben kann! Wir wollen die Katze ›Wind‹ nennen!«

»Der Wind hat viel Kraft«, sagte ein vierter. »Aber die Mauer des Schlosses bringt er nicht zu Fall! Wir wollen die Katze ›Mauer‹ nennen!«

»Die Mauer, mein Freund«, sagte ein fünfter, »sie ist groß und stark und sie hält viele Feinde ab. Aber hast du gesehen, wie sich die Mäuse Löcher durch die Mauer gebohrt haben, um an ihr Futter zu kommen? Da die Katze aber sogar die starken Mäuse bezwungen hat, ist sie das stärkste Wesen weit und breit. Wir sollten der Katze also den Ehrentitel ›Katze‹ geben!«

Und so kam es, dass die Katze vom König viele Geschenke und den Ehrentitel »Katze« erhielt, und diesen Titel trägt sie stolz bis heute.

Warum die Raben schwarz sind

Märchen aus Japan

In alter, uralter Zeit war die Eule dazu ausersehen, dem Himmel Farben zu schenken, und so durfte sie allen Vögeln ein schönes, buntes Federkleid malen.

Laut zwitschernd verließen die großen und kleinen Vögel das Haus der Eule und zeigten stolz ihr neues Kleid. Sie stiegen weit in die Höhe und bunte, leuchtende Farben schmückten die Luft und den Himmel.

Der Rabe war damals noch schneeweiß. Auch er kam zur Eule, der Färberin.

Weil der Rabe eingebildet war und sich schöner und größer fühlte als die anderen Vögel, trug er den Schnabel besonders hoch. Er ging vor der Eule auf und ab und sagte: »Ich möchte etwas ganz Besonderes. Etwas Außergewöhnliches. Etwas Auffallendes. Ich möchte eine Farbe, die sonst niemand trägt außer mir!«

Die Eule dachte nach. Dann rührte sie lange in ihren Farbtöpfen.

»Da hast du eine Farbe, die es bisher nicht gegeben hat«, sagte sie schließlich.

»Sie ist schwarz wie die Kohle und doch anders, ich nenne sie kohlrabenschwarz, und das soll von nun an deine Farbe sein!«

Sie bestrich sein Kleid, und von diesem Augenblick an war der Rabe schwarz von der obersten bis zur untersten Feder.

Als sein Schneeweiß verschwunden war und er schwärzer als die Nacht vor der Eule saß, wurde der Rabe bitterböse. So düster hatte er sich sein neues schönes Kleid nicht vorgestellt!

Laut schimpfend erhob er sich in die Luft.

Bis heute hat der Rabe nicht aufgehört, auf die Eule zu schimpfen, wo immer er sie trifft. Daher kommt es, dass die Eule sich am liebsten im Wald versteckt, wenn der Rabe früh am Morgen seinen Flug beginnt.

Erst spät in der Nacht, wenn der kohlrabenschwarze Rabe vor der schwarzen Dunkelheit längst geflüchtet ist, kommt die Eule aus ihrem Versteck.

DER KATZENKÖNIG
Märchen aus England

An einem Winterabend saß die Frau des Totengräbers neben dem warmen Kamin. Ihr großer, schwarzer Kater, der alte Tom, lag neben ihr. Sie warteten auf die Heimkehr des Totengräbers, der sich schon gehörig zum Abendessen verspätet hatte.

Endlich kam er zur Tür hereingestürzt. Er hielt den Hut in der Hand und rief ganz aufgeregt: »Wer ist Tom Tildrum? Weißt du, wer Tom Tildrum ist?«

Seine Frau und der Kater starrten ihn an.

»Du kommst spät!«, sagte seine Frau. »Und was soll die Frage nach diesem Tom Tildrum? Ich kenne ihn nicht!«

Der Totengräber legte seinen Hut weg und schlüpfte aus den schweren Schuhen.

»Heute habe ich etwas Unglaubliches erlebt! Ich war dabei, ein Grab zu schaufeln, und muss wohl – bei einer kurzen Rast – eingeschlafen sein. Plötzlich wachte ich durch das Jaulen einer Katze auf.«

»Miau«, jaulte der alte Tom.

Der Totengräber nickte. »Genau so hat's geklungen! Ich schaute mich um – und was glaubt ihr, was ich sah?«

»Wie kann ich das wissen?«, sagte die Frau mürrisch. »Nun, erzähl schon!«

»Ich sah neun schwarze Katzen, sie sahen alle wie Tom aus, mit einem weißen Fleck auf ihrem Brustpelz. Und was glaubt ihr, was sie taten? Sie trugen einen kleinen Sarg, mit einem schwarzen Tuch bedeckt, und auf dem Tuch lag eine Krone, ganz aus Gold! Bei jedem dritten Schritt riefen alle ›Miau‹.«

»Miau«, rief der alte Tom.

»Genau so«, sagte der Totengräber. »Sie gingen alle auf mich zu. Acht trugen den Sarg, und die neunte, die größte unter ihnen, schritt in aller Würde voran. – Aber sieh nur, wie Tom mich anstarrt! Man könnte denken, er verstünde jedes Wort!«

»Nun erzähl schon weiter!«, sagte seine Frau. »Lass doch den alten Tom in Frieden!«

»Also, sie kamen ganz feierlich auf mich zu und riefen bei jedem dritten Schritt ›Miau, miau‹.«

»Miau«, rief der alte Tom wieder.

Der Totengräber zuckte zusammen.

»Sie blieben neben dem offenen Grab stehen und starrten mich an. So wie Tom! Er starrt mich genau so an wie sie!«

»Was ist denn mit dir«, rief seine Frau, »Jetzt kümmre dich doch nicht ständig um den alten Kater! Was ist dann passiert?«

Der Totengräber ließ Tom nicht aus den Augen.

»Sie standen alle vor mir und starrten mich an«, sagte er heiser.

»Dann kam die eine, die vor dem Sarg ging, auf mich zu und sagte mit hoher Stimme:

›Sage Tom Tildrum, dass Tim Toldrum tot ist.‹

Ich hab's mit meinen eigenen Ohren gehört! Das hat sie zu mir gesagt! Und deshalb will ich wissen, wer Tom Tildrum ist! Wie kann ich Tom Tildrum sagen, dass Tim Toldrum tot ist, wenn ich gar nicht weiß, wer Tom Tildrum ist!«

»Sieh dir den alten Tom an!«, schrie da seine Frau überrascht.

Und auch der Totengräber fuhr vor Staunen zusammen.

Der alte Tom war von der Bank gesprungen.

Er machte einen stattlichen Katzenbuckel und kreischte laut: »Was? Der alte Tim ist tot? Dann bin ich ja jetzt der Katzenkönig!«

Er verschwand mit einem Sprung im Kaminschlot, sauste die Mauern hoch und ward nie mehr gesehen.

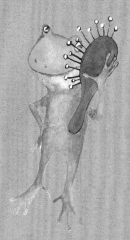

»Von Pfannkuchen,
   die nicht gegessen werden wollen,
      fliegenden Koffern und
   anderen magischen Dingen«

Die Puppe im Gras

Märchen von Peter Christen Asbjørnsen

Es war einmal ein König, der hatte zwölf Söhne; und als sie groß geworden waren, sprach er zu ihnen, sie sollten in die weite Welt hinausziehen und sich eine Frau suchen; aber sie müsse spinnen, weben und ein Hemd an einem Tag nähen können, sonst wolle er sie nicht zur Schwiegertochter. Jeder Sohn bekam ein Pferd und eine ganz neue Rüstung; und so machten sich alle auf, um eine Frau zu finden. Als sie nun aber eine Strecke zurückgelegt hatten, sagten sie, den jüngsten, den Aschenper, wollten sie nicht weiter mitnehmen, denn er tauge ja doch zu nichts.

Ja, da musste Aschenper nun zurückbleiben und wusste gar nicht, was er anfangen oder wohin er sich wenden sollte. Da wurde er so traurig, dass er vom Pferd stieg, sich ins Gras setzte und weinte. Als er ein Weilchen gesessen hatte, bewegte sich plötzlich ein Grasbüschel, und eine kleine, weiße Gestalt trat hervor; als sie näher kam, erkannte Aschenper, dass es ein niedliches, zartes Mädchen war, aber winzig klein.

Es trat auf ihn zu und fragte, ob er nicht zu ihm kommen und das Püppchen im Gras besuchen wolle. O doch, das wollte er, und so ging er mit. Als er sich zu ihr niederbeugte, saß die Puppe im Gras auf einem winzigen Stuhl, und sie war wirklich schön und herausgeputzt. Nun fragte sie Aschenper, wohin er unterwegs sei und warum er diese Reise mache.

Da erzählte er ihr, sie seien zwölf Brüder; der König, ihr Vater, habe jedem Pferd und Rüstung geschenkt und gesagt, sie sollten hinaus in die Welt und sich eine Frau suchen, die weben, spinnen und an einem Tag ein Hemd nähen könne.

»Wolltest du das tun und meine Frau werden, will ich nicht länger weiterziehen!«, sprach Aschenper zur Puppe im Gras. Ach ja, das wollte sie gern, machte sich sogleich an die Arbeit und fing an zu spinnen und zu weben. Und sie nähte das Hemd an einem Tag fertig. Allerdings war es schrecklich klein.

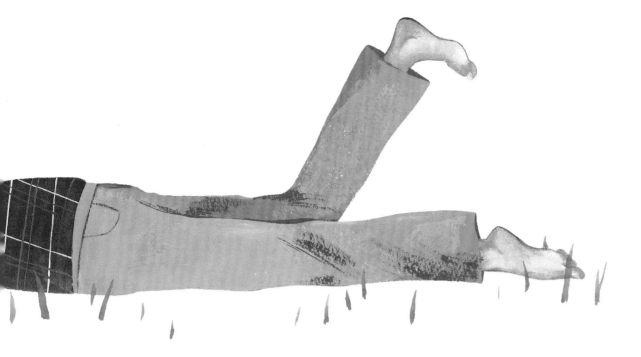

Mit diesem Hemd eilte Aschenper heim. Als er es aber seinem Vater zeigte, schämte er sich, weil es eben so klein war. Der König aber sagte, er könne das Mädchen ruhig heiraten. Da fuhr Aschenper natürlich lustig und vergnügt zurück, um seine Herzliebste heimzuholen. Als er bei der Puppe im Gras anlangte, wollte er sie zu sich aufs Pferd heben; aber nein, das wollte sie nicht; in einem Silberlöffel wollte sie fahren, bespannt mit zwei Schimmeln. So reisten sie denn los: er auf dem Pferd und sie im silbernen Löffel; aber die Schimmel, die sie zogen, waren nichts anderes als zwei kleine weiße Mäuse. Aschenper ritt immer auf der einen Seite des Wegs, denn er hatte große Angst, sein Pferd könne auf die Braut treten, die ja nur ein so winziges Wesen war. Als sie eine Wegstrecke gereist waren, kamen sie zu einem großen Wasser; da scheute Aschenpers Pferd, sprang auf die andere Wegseite und warf den Löffel um, sodass die Puppe im Gras ins Wasser fiel. Aschenper wurde ganz traurig, wusste er doch nicht, wie er sie retten sollte; aber nicht lange, da tauchte ein Meermann mit ihr auf, und nun war sie so groß wie ein erwachsener Mensch und weit schöner als zuvor. Da setzte Aschenper sie vor sich aufs Pferd und ritt heim.

Als er dort ankam, waren auch schon seine anderen Brüder, jeder mit seiner Braut, eingetroffen. Aber die waren allesamt so hässlich, bösartig und widerwärtig, dass sie sich schon unterwegs ständig mit ihren Bewerbern gezankt hatten. Auf den Köpfen trugen sie seltsame, mit Teer und Russ beschmierte Hüte. Wie nun die Brüder Aschenpers Liebste zu Gesicht bekamen, wurden sie allesamt sehr neidisch auf ihn. Der König aber war so von beiden angetan, dass er alle anderen einfach vor die Tür setzte. Und danach hielt Aschenper Hochzeit mit der Puppe im Gras. Von da an lebten sie ganz zufrieden und vergnügt eine lange, lange Zeit; und wenn sie nicht gestorben sind, leben sie noch heute.

DER WETTKAMPF DER ZAUBERER

Märchen von Ludwig Bechstein

Einstmals ging ein junger Buchbindergeselle in die Fremde und wanderte, bis kein Kreuzerlein mehr in seiner Tasche klimperte. Da endlich nötigte ihn sein gespanntes Verhältnis mit dem schlaff gewordenen Geldbeutel, ernstlich der Arbeit nachzufragen, und bald ward er auch von einem Meister angenommen und bekam es sehr, sehr gut. Sein Meister sprach zu ihm: »Gesell, du wirst es gut bei mir haben; die Arbeit, die du täglich zu tun hast, ist ganz geringe. Du kehrst nur die Bücher hier alle Tage recht säuberlich ab und stellst sie dann nach der Ordnung wieder auf. Aber dieses eine Büchlein, welches hier apart steht, darfst du nicht anrühren, viel weniger hineingehen, sonst ergeht dir's schlimm, Bursche, merk dir's. Dagegen kannst du in den andern Büchern lesen, so viel du nur magst.«

Der Geselle beherzigte die Worte seines Meisters sehr wohl und hatte zwei Jahre lang die besten Tage, indem er täglich nur die Bücher säuberte, dann in manchem derselben las und dabei die vortrefflichste Kost hatte – jenes verbotene Büchlein ließ er gänzlich unangerührt. Dadurch erwarb er sich das volle Vertrauen seines Herrn, sodass dieser öfters tagelang vom Hause entfernt blieb und auch zuweilen eine Reise unternahm. Aber wie stets dem Menschen nach Verbotenem gelüstet, so regte sich einstmals, als der Meister auf mehrere Tage verreist war, in dem Gesellen eine mächtige Begierde, endlich doch zu wissen, was nun in dem Büchlein stehe, das immer ganz heilig an seinem ihm bestimmten Orte lag. Denn alle andern Bücher hatte er bereits durchgelesen. Zwar sträubte sich sein Gewissen, das Verbotene zu tun, aber die Neugierde war mächtiger; er nahm das Büchlein, schlug es auf und fing an darinnen zu lesen.

In dem Büchlein standen die kostbarsten Geheimnisse, die größten Zauberformeln waren darinnen enthalten, und es stellte sich dem staunenden, höchst verwundenen Gesellen nach und nach alles so sonnenklar heraus, dass er schon anfing, Versuche im Zaubern zu machen. Alles gelang. Sprach der Bursche ein kräftiges Zaubersprüchlein aus diesem Büchlein, so lag kurzerhand das Gewünschte vor ihm da. Auch lehrte das Büchlein jede menschliche Gestalt in eine andere zu verwandeln. Nun probierte er mehr und mehr, und zuletzt machte er sich zu einer Schwalbe, nahm das Büchlein und flog im schnellsten Fluge seiner Heimat zu. Sein Vater war nicht wenig erstaunt, als eine Schwalbe zu seinem Fenster einflog und plötzlich dann aus ihr sein Sohn wurde, den er zwei Jahre lang nicht gesehen. Der Bursche aber drückte den Alten herzlich an seine Brust und sprach: »Vater, nun sind wir glücklich und geborgen, ich bringe ein Zauberbüchlein mit, durch das wir die reichsten Leute werden können.« Das gefiel dem Alten wohl, denn er lebte sehr dürftig. Bald darauf machte sich der junge Zauberer zu einem überaus großen, fetten Ochsen und sprach zu seinem Vater:

»Nun führet mich zum Markt und verkauft mich, aber fordert ja recht viel, man wird mich teuer bezahlen, und vergesset ja nicht das kleine Stricklein, welches um meinen linken Hinterfuß gebunden ist, abzulösen und wieder mit heimzunehmen, sonst bin ich verloren.«

Das machte der Vater alles so; er verkaufte den Ochsen für ein schweres Geld, denn als er nun mit ihm auf dem Markte erschien, versammelte sich gleich ein Haufen Volkes um ihn, alles bewunderte den Raritäts-Ochsen, und Christen und Juden schlugen sich darum, ihn zu kaufen. Der Käufer aber, der das höchste Gebot tat und bezahlte und den Ochsen im Triumph von dannen führte, hatte am andern Morgen statt des Ochsen ein Bündlein Stroh in seinem Stalle drin liegen. Und der Buchbindergeselle – der war wohlgemut wieder daheim bei seinem Vater und lebte mit ihm herrlich und in Freuden von dem Gelde.

Manch einer macht sich auch zu einem großen fetten Ochsen, aber keiner kauft ihn teuer.

Bald darauf verzauberte der Bursch sich in einen prächtigen Rappen und ließ sich von seinem Vater auf den Rossmarkt führen und verkaufen. Da lief wieder das Volk zusammen, um das wunderschöne, glänzend schwarze Ross zu sehen.

Jener Meister Buchbinder aber, als er nach Hause zurückgekehrt war, hatte gleich gesehen, was vorgegangen, und da er eigentlich kein Buchbinder, sondern ein mächtiger Zauberer war, der nur zum Schein diese Beschäftigung trieb, so wusste er auch gleich, wie viel es geschlagen hatte, und setzte dem Entflohenen nach. Auf jenem Rossmarkt nun war der Meister unter den Käufern, und da er alle Stücklein des Zauberbüchelchens kannte, so merkte er alsobald, was es für eine Bewandtnis mit dem Pferd habe, und dachte: Halt, jetzt will ich dich fangen. Und so suchte er für jeden Preis das Pferd zu kaufen, was ihm auch ohne große Mühe gelang, weil er es gleich um den ersten Kaufpreis annahm. Der Vater kannte den Käufer nicht, aber das Pferd fing an, heftig zu zittern und zu schwitzen, und gebärdete sich äußerst scheu und ängstlich, doch es konnte der Vater die nun so gefährliche Lage seines Sohnes nicht ahnen.

Als das Pferd des neuen Eigentümers eingeführt und an den für dasselbe bestimmten Platz gestellt war, wollte der Vater wieder das Stricklein ablösen; aber der Käufer ließ dieses nicht zu, da er sehr wohl wusste, dass es dann um seinen Fang geschehen wäre. So musste denn der Vater ohne Stricklein abziehen und dachte in seinem Sinn: er wird sich schon selbst helfen, kann er so viel, dass er sich zu einem Pferde macht, kann er sich gewiss auch wieder durch seine Zauberkunst dort in dem Stall losmachen und heimkommen.

In jenem Pferdestall aber war ein mächtiges Gedränge von Menschen; groß und klein, alt und jung – alles wollte das ausgezeichnet schöne Ross beschauen.

Ein kecker Knabe wagte sogar, das Pferd zu streicheln und liebkosend zu klopfen, und es ließ sich dieses, wie es schien, gar gerne gefallen, und als dieser Knabe sich immer vertraulicher näherte und das Pferd am Kopf und am Hals streichelte, da flüsterte es dem Knaben ganz leise zu: »Liebster Junge, hast du kein Messerchen einstecken?« Und der froh verwundene Knabe antwortete: »O ja, ich habe ein recht scharfes.« Da sprach der Rappe wieder ganz leise: »Schneide einmal das Stricklein an meinem linken Hinterfuß ab«, und schnell schnitt es der Knabe entzwei.
Und in diesem Augenblicke fiel das schöne Ross vor aller Augen zusammen und ward ein Bündlein Stroh, und daraus flog eine Schwalbe hervor und aus dem Stall empor in die hohen blauen Lüfte. Der Meister hatte das Ross nur einen Augenblick außer Acht gelassen, jetzt war keine Zeit zu verlieren. Er brauchte seine Kunst, verwandelte sich rasch in einen Geier und schoss der flüchtigen Schwalbe nach. Nach kurzer Zeit hatte der Geier die Schwalbe in seinen Klauen, aber das Schwälblein merkte den Feind, blickte nieder auf die Erde und sah da gerade unter sich ein schönes Schloss, und vor dem Schloss saß eine Prinzessin, und flugs verwandelte sich das Schwälblein in einen goldenen Fingerreif, fiel nieder und gerade der holden Prinzessin auf den Schoß. Die wusste nicht, wie ihr geschah, und steckte das Ringlein an den Finger. Aber die scharfen Augen des Geiers hatten alles gesehen, und rasch verwandelte sich der Zaubermeister aus einem Geier in einen schmucken Junker und trat heran zur Prinzessin und bat sie höflichst und untertänigst, dieses Ringlein, mit welchem er soeben ein Kunststück gemacht habe, ihm wieder einzuhändigen. Die schöne Prinzessin lächelte errötend, zog das Ringlein vom Finger und wollte es dem Künstler überreichen, doch siehe, da entfiel es ihren zarten Fingern und rollte als ein winziges Hirsekörnlein in eine Steinritze. Im Augenblicke verwandelte sich der Junker und wurde ein stolzer Gockelhahn, der mit seinem Schnabel emsig in der Steinritze nach dem Hirsekörnlein pickte, aber gleich darauf wurde aus dem Hirsekörnlein ein Fuchs und dieser biss dem Gockel den Kopf ab. Und somit war der Zaubermeister besiegt.
Jetzt aber nahm der junge Geselle wieder seine alte Gestalt an, sank der Prinzessin zu Füßen und pries sie dankend, dass sie ihn an ihrem Finger getragen und sich so mit ihm verlobt habe. Die Prinzessin war über alles, was vorgegangen war, mächtig erschrocken, denn sie war noch sehr jung und unerfahren und schenkte ihm ihr Herz und ihre Hand, doch unter der Bedingung, dass er fortan aller Verwandlung entsage und ihr unwandelbar treu bleibe. Dies gelobte der Jüngling und opferte sein Zauberbüchlein den Flammen, woran er indes gar sehr übel tat, denn er hätte es ja dir, lieber Leser, oder mir schenken und vermachen können; in Ochsen hätten wir zwei uns gewisslich nicht verwandelt.

DAS SCHNEEWEISSE STEINCHEN

Märchen aus der Schweiz

Es war einmal ein Hirtenjunge, der musste alle Tage seine Schafe und Ziegen auf die Wiesen treiben, damit sie dort gutes Futter finden konnten.

Der Junge lag dann im Gras und ließ sich die Sonne ins Gesicht scheinen.

Er hörte dem Zwitschern der Vögel zu, und manchmal sang und pfiff und trillerte er mit ihnen um die Wette.

Eines Tages entdeckte der Junge einen kleinen See hinter einem Hügel, er lief darauf zu und beugte sich weit übers klare Wasser, um sich das Gesicht zu kühlen. Da sah er im Wasserspiegel auf dem Baum hinter ihm ein schönes Vogelnest auf einem Ast.

Er kühlte sich rasch das Gesicht, dann kletterte er – flink wie ein Eichhörnchen – den Baum hinauf. Aber da war plötzlich nichts von einem Vogelnest zu sehen!

Nur eine kleine weiße Feder segelte von einem Ast.

Der Junge kletterte nachdenklich vom Baum. Er beugte sich noch einmal über die glitzernde Wasserfläche, und wieder konnte er – wie in einem Spiegel – ein schönes Nest sehen, ganz oben, auf einem Ast.

Er zählte die Äste, die er im Wasserspiegel sah, und dann kletterte er noch einmal auf den Baum. Er zählte alle Äste mit, und als er oben angelangt war, lag tatsächlich etwas zwischen den Blättern.

Ein schönes schneeweißes Steinchen strahlte ihm hell entgegen.

Da Steinchen gefiel ihm. Wie es schimmerte! Wie eine kleine Schneeflocke! Der Junge steckte es ein und legte sich wieder ins Gras zu seinen Schafen und Ziegen.

Am Abend trieb er seine Tiere heim in den Stall, dann ging er in die Küche, wo seine Eltern schon mit dem Abendessen auf ihn warteten.

»Da bin ich!«, sagte er gut gelaunt und setzte sich zum Tisch.

»Hilfe!«, rief seine Mutter. »Ich höre deine Stimme, aber ich kann dich nicht sehen!«

»Wo ist unser Sohn?«, rief nun auch der Vater und lief aufgeregt durch die Küche. »Er ist unsichtbar geworden!«

»Ich bin doch da!«, sagte der Junge. »Schaut, was ich gefunden habe!«

Er gab seiner Mutter, die neben ihm stand, das kleine schneeweiße Steinchen.

Da ward er plötzlich wieder sichtbar, aber dafür war jetzt die Mutter nicht zu sehen!

»Hier geht's mit Zauberei zu!«, rief der Vater entsetzt und außer sich. »Jetzt ist die Mutter verschwunden.«

Als seine Frau das hörte, drückte sie das kleine Steinchen erschrocken dem Vater in die Hand.

Jetzt war der Vater nicht mehr zu sehen, dafür lagen sich Mutter und Sohn erleichtert in den Armen.

Der Vater warf das Steinchen rasch auf den Tisch.

Der Tisch wurde unsichtbar, dafür standen alle drei – gut sichtbar – mitten in der Küche.

Der Junge erzählte, wie er das kleine schneeweiße Steinchen gefunden hatte, hoch oben auf einem Baum.

»Wir kommen auch ohne Zauberei ganz gut durchs Leben«, sagte der Vater. »Kommt, packt mit an!«

Sie hoben den unsichtbaren Tisch vorsichtig hoch und trugen ihn vors Haus. Sie trugen ihn bis zum nahen Teich, dort kippten sie den Tisch tief ins Wasser, dann zogen sie ihn wieder heraus.

»Jetzt liegt das Steinchen gut und sicher«, sagte die Mutter, dann spazierten sie sehr zufrieden zurück zum Haus.

Ich weiß, wo das Haus steht, und ich kenne den Teich.
Willst du das kleine schneeweiße Steinchen haben?
Was gibst du mir, wenn ich's wieder heraufhole?

Die Geschichte vom Pfannkuchen

Deutsches Volksgut

Es war einmal ein Pfannkuchen, der wollte nicht gegessen werden.
Er rutschte aus der Pfanne, sprang vom Herd und rollte als schönes gelbes Rad
zur Tür hinaus und die Straße entlang.
Da kam ein Hase gelaufen und rief: »Schöner, dicker Pfannkuchen! Bleib stehen!
Ich will dich fressen!«
»Schnickschnack!«, lachte der Pfannkuchen. »Will nicht gefressen werden!«
Und er rollte weiter.
Da kam ein Wolf aus dem Wald und rief: »Dicker, fetter, gelber Pfannkuchen!
Bleib stehen! Ich will dich fressen!«
»Schnickschnack!«, lachte der Pfannkuchen. »Will nicht gefressen werden!«
Und er rollte weiter.
Da kam eine Kuh aufs Feld gelaufen und rief: »Schöner, fetter, dicker, gelber
Pfannkuchen! Bleib stehen! Ich will dich fressen!«
»Schnickschnack!«, lachte der Pfannkuchen. »Will nicht gefressen werden!«
Und er rollte weiter.
Da kam ein Schwein aus dem Stall gerannt und rief: »Gelber, süßer, dicker, fetter
Pfannkuchen! Bleib stehen! Ich will dich fressen!«

»Schnickschnack!«, lachte der Pfannkuchen. »Will nicht gefressen werden!«
Und er rollte weiter.
Da kamen zwei Kinder aus dem Haus, die hatten ihre Mutter und ihren Vater verloren
und riefen laut: »Lieber, guter, schöner, süßer Pfannkuchen! Bleib doch stehen! Wir
haben Hunger!«
Da blieb der schöne, dicke, fette, süße, liebe, gute Pfannkuchen stehen und die
Kinder durften ihn aufessen, von oben bis unten, so dass nichts mehr von ihm übrig
blieb außer seinem guten Duft in der Luft.

DIE WASSERNIXE
Märchen der Brüder Grimm

Ein Brüderchen und ein Schwesterchen spielten an einem Brunnen, und wie sie so spielten, plumpsten sie beide hinein. Da war unten eine Wassernixe, die sprach: »Jetzt hab ich euch, jetzt sollt ihr mir brav arbeiten«, und führte sie mit sich fort. Dem Mädchen gab sie verwirrten garstigen Flachs zu spinnen und es musste Wasser in ein hohles Fass schleppen, der Junge aber sollte einen Baum mit einer stumpfen Axt hauen; und nichts zu essen bekamen sie als steinharte Klöße.

Da wurden zuletzt die Kinder so ungeduldig, dass sie warteten, bis eines Sonntags die Nixe in der Kirche war, da entflohen sie. Und als die Kirche vorbei war, sah die Nixe, dass die Vögel ausgeflogen waren, und setzte ihnen mit großen Sprüngen nach. Die Kinder erblickten sie aber von Weitem, und das Mädchen warf eine Bürste hinter sich, das gab einen großen Bürstenberg mit tausend und tausend Stacheln, über den die Nixe mit großer Müh klettern musste; endlich aber kam sie doch hinüber. Wie das die Kinder sahen, warf der Knabe einen Kamm hinter sich, das gab einen großen Kammberg mit tausendmal tausend Zinken, aber die Nixe wusste sich daran festzuhalten und kam zuletzt doch drüber. Da warf das Mädchen einen Spiegel hinterwärts, und ein großer Spiegelberg wuchs, der war so glatt, so glatt, dass sie unmöglich darüber konnte. Da dachte sie: »Ich will geschwind nach Haus gehen und meine Axt holen und den Spiegelberg entzwei hauen.« Bis sie aber wiederkam und das Glas aufgehauen hatte, waren die Kinder längst weit entflohen, und die Wassernixe musste sich wieder in ihren Brunnen trollen.

DER FLIEGENDE KOFFER

Märchen von Hans Christian Andersen

Es war einmal ein Kaufmann, der war so reich, dass er die ganze Straße und fast noch eine kleine Gasse mit Silbergeld pflastern konnte; aber das tat er nicht, er wusste sein Geld anders anzuwenden, und gab er einen Groschen aus, so bekam er einen Taler wieder, ein so kluger Kaufmann war er – bis er starb.

Der Sohn bekam nun all dieses Geld, und er lebte lustig, ging jeden Tag einem anderen Vergnügen nach, machte Papierdrachen von Talerscheinen und warf Goldstücke in das Wasser anstatt Steine. So konnte das Geld wohl zu Ende gehen. Zuletzt besaß er nicht mehr als vier Groschen und hatte keine anderen Kleider als ein Paar Schuhe und einen alten Schlafrock. Nun kümmerten sich seine Freunde nicht mehr um ihn, da sie ja nicht zusammen auf die Straße gehen konnten; aber einer von ihnen, der gutmütig war, sandte ihm einen alten Koffer mit der Bemerkung: »Packe ein!« Ja, das war nun ganz gut, aber er hatte nichts einzupacken, darum setzte er sich selbst in den Koffer.

Das war ein merkwürdiger Koffer. Sobald man an das Schloss drückte, konnte der Koffer fliegen. Das tat nun der Mann, und sogleich flog er mit dem Koffer durch den Schornstein hoch über die Wolken hinauf, weiter und weiter fort; sooft aber der Boden ein wenig krachte, war er sehr in Angst, dass der Koffer in Stücke gehe, denn alsdann hätte er einen ganz tüchtigen Luftsprung gemacht. So kam er nach dem Lande der Türken. Den Koffer verbarg er im Walde unter verdorrten Blättern und ging dann in die Stadt hinein; das konnte er auch recht gut, denn bei den Türken gingen ja alle so wie er in Schlafrock und Pantoffeln. Da begegnete er einer Amme mit einem kleinen Kinde. »Höre«, fragte er, »was ist das für ein großes Schloss hier dicht bei der Stadt, wo die Fenster so hoch sitzen?«

»Da wohnt die Tochter des Königs!«, erwiderte die Frau. »Es ist prophezeit, dass sie über einen Geliebten sehr unglücklich werden würde, und deshalb darf niemand zu ihr kommen, wenn nicht der König und die Königin mit dabei sind!«

»Ich danke!«, sagte der Kaufmannssohn, ging hinaus in den Wald, setzte sich in seinen Koffer, flog auf das Dach des Schlosses und kroch durch das Fenster zur Prinzessin.

Sie lag auf dem Sofa und schlief; sie war so schön, dass der Kaufmannssohn sie küssen musste; sie erwachte und erschrak gewaltig, aber er sagte, er sei der Türkengott, der durch die Luft zu ihr heruntergekommen sei, und das gefiel ihr.

So saßen sie beieinander, und er erzählte ihr Geschichten von ihren Augen; das waren die schönsten, dunklen Seen, und da schwammen die Gedanken gleich Meerweibchen; und er erzählte von ihrer Stirn, die war ein Schneeberg mit den prächtigsten Sälen und Bildern; und er erzählte vom Storch, der die lieblichen, kleinen Kinder bringt.

Ja, das waren schöne Geschichten! Dann freite er um die Prinzessin und sie sagte sogleich ja!

»Aber Sie müssen am Sonnabend herkommen«, sagte sie, »da sind der König und die Königin bei mir zum Tee! Sie werden sehr stolz darauf sein, dass ich den Türkengott bekomme, aber sehen Sie zu, dass Sie ein recht hübsches Märchen wissen, denn das lieben meine Eltern ganz außerordentlich; meine Mutter will es erbaulich und vornehm und mein Vater belustigend haben, sodass man lachen kann!«

»Ja, ich bringe keine andere Brautgabe als ein Märchen!«, sagte er, und so schieden sie, aber die Prinzessin gab ihm einen Säbel, der war mit Goldstücken besetzt, und die konnte er gerade gebrauchen.

Nun flog er fort, kaufte sich einen neuen Schlafrock und saß dann draußen im Walde und dichtete ein Märchen; das sollte bis zu Sonnabend fertig sein, und das ist wahrlich nicht leicht.

Es wurde fertig und da war es Sonnabend.

Der König, die Königin und der ganze Hof warteten mit dem Tee bei der Prinzessin. Der Kaufmannssohn wurde freundlich empfangen.

»Wollen Sie uns nun ein Märchen erzählen«, sagte die Königin, »eins, das tiefsinnig und belehrend ist?«

»Aber worüber man, auch wenn es viel Weisheit enthält, doch noch lachen kann!«, sagte der König.

»Jawohl!«, erwiderte er und erzählte; da muss man nun gut aufpassen.

»Es war einmal ein Bund Streichhölzer, die waren außerordentlich stolz auf ihre hohe Herkunft; ihr Stammbaum, das heißt, die große Fichte, wovon sie jedes ein kleines Hölzchen waren, war ein großer, alter Baum im Walde gewesen. Die Streichhölzer lagen nun in der Mitte zwischen einem alten Feuerzeuge und einem alten, eisernen Topfe, und diesem erzählten sie von ihrer Jugend. ›Ja, als wir noch im Baum waren‹, sagten sie, ›da waren wir wirklich auf einem grünen Zweig! Jeden Morgen und Abend gab es Diamanttee, das war der Tau. Den ganzen Tag hatten wir Sonnenschein, wenn die Sonne da war, und alle die kleinen Vögel mussten uns Geschichten erzählen. Wir konnten wohl merken, dass wir auch reich waren, denn die Laubbäume waren nur im Sommer bekleidet, aber unsere Familie hatte Mittel zu grünen Kleidern sowohl im Sommer als im Winter. Doch da kam der Holzhauer und unsere stolze Familie wurde zersplittert; der Stammherr erhielt Platz als Hauptmast auf einem prächtigen Schiffe, das die Welt umsegeln konnte, wenn es wollte, die anderen Zweige kamen nach anderen Orten, und wir haben nun das Amt, der Menge das Licht anzuzünden; deshalb sind wir vornehmen Leute hier in die Küche gekommen.‹

›Mein Schicksal gestaltete sich auf eine andere Weise!‹, sagte der Eisentopf, an dessen Seite die Streichhölzer lagen. ›Vom Anfang an, seit ich in die Welt kam, bin ich vielmal gescheuert und gewärmt worden; ich sorge für das Dauerhafte und bin der Erste hier im Hause. Meine einzige Freude ist, nach Tische rein und sauber auf meinem Platze zu liegen und ein vernünftiges Gespräch mit den Kameraden zu führen. Wenn ich den

Wassereimer ausnehme, der hin und wieder einmal zum Hof hinunterkommt, so leben wir immer innerhalb der Türen. Unser einziger Neuigkeitsbote ist der Marktkorb, aber der spricht zu unruhig über die Regierung und das Volk. Ja, neulich war da ein alter Topf, der vor Schreck darüber niederfiel und sich in Stücke schlug; der war gut gesinnt, sage ich euch!‹

›Nun sprichst du zu viel!‹, fiel das Feuerzeug ein, und der Stahl schlug gegen den Feuerstein, dass es sprühte. ›Wollen wir uns nicht einen lustigen Abend machen?‹

›Ja, lasst uns davon sprechen, wer der Vornehmste ist!‹, sagten die Streichhölzer.

›Nein, ich liebe es nicht, von mir selbst zu reden‹, wendete der Tontopf bescheiden ein. ›Lasst uns eine Abendunterhaltung veranstalten. Ich werde anfangen, ich werde etwas erzählen, was ein jeder erlebt hat; da kann man sich leicht dareinfinden und es ist sehr erfreulich!

An der Ostsee bei den Buchen –‹

›Das ist ein hübscher Anfang!‹, sagten die Teller. ›Das wird sicher eine Geschichte, die uns gefällt!‹

›Ja, da verlebte ich meine Jugend bei einer stillen Familie; die Möbel wurden geputzt, die Fußböden gescheuert und alle vierzehn Tage wurden neue Vorhänge aufgehängt!‹

›Wie gut Sie erzählen!‹, sagte der Haarbesen. ›Man kann gleich hören, dass ein Frauenzimmer erzählt; es geht etwas Reines hindurch!‹

›Ja, das fühlt man!‹, sagte der Wassereimer und machte vor Freude einen kleinen Sprung, sodass es auf dem Fußboden klatschte.

Der Topf fuhr zu erzählen fort und das Ende war ebenso gut wie der Anfang.

Alle Teller klapperten vor Freude, und der Haarbesen zog grüne Petersilie aus dem Sandloche und bekränzte den Topf, denn er wusste, dass es die andern ärgern werde. ›Bekränze ich ihn heute‹, dachte er, ›so bekränzt er mich morgen.‹

›Nun will ich tanzen!‹, sagte die Feuerzange und tanzte. Ja, Gott bewahre uns, wie konnte sie das eine Bein in die Höhe strecken! Der alte Stuhlbezug dort im Winkel platzte, als er es sah. ›Werde ich nun auch bekränzt?‹, fragte die Feuerzange, und das wurde sie.

›Das ist das gemeine Volk!‹, dachten die Streichhölzer.

Nun sollte die Teemaschine singen, aber sie sagte, sie sei erkältet, sie könne nicht, wenn sie nicht koche; doch das war bloß Vornehmtuerei; sie wollte nicht singen, wenn sie nicht drinnen bei der Herrschaft auf dem Tische stand.

Im Fenster saß eine alte Feder, womit das Mädchen zu schreiben pflegte; es war nichts Bemerkenswertes an ihr, außer dass sie gar zu tief in die Tinte getaucht worden, aber darauf war sie nun stolz.

›Will die Teemaschine nicht singen‹, sagte sie, ›so kann sie es unterlassen; draußen hängt eine Nachtigall im Käfig, die kann singen; die hat zwar nichts gelernt, aber das wollen wir diesen Abend dahingestellt sein lassen!‹

›Ich finde es höchst unpassend‹, sagte der Teekessel – er war Küchensänger und Halbbruder der Teemaschine –, ›dass ein fremder Vogel gehört werden soll! Ist das Vaterlandsliebe? Der Marktkorb mag darüber richten!‹

›Ich ärgere mich nur‹, sagte der Marktkorb, ›ich ärgere mich so, wie es sich kein Mensch denken kann! Ist das eine passende Art, den Abend hinzubringen? Würde es nicht vernünftiger sein, Ordnung herzustellen? Ein jeder müsste nun auf seinen Platz kommen und ich würde das ganze Spiel leiten. Das sollte etwas anderes werden!‹

›Lasst uns Lärm machen!‹, sagten alle. Da ging die Tür auf. Das Dienstmädchen kam herein und da standen sie still. Keiner bewegte sich; aber da war nicht ein Topf, der nicht gewusst hätte, was er zu tun vermöge und wie vornehm er sei. ›Ja, wenn ich gewollt hätte‹, dachte jeder, ›so hätte es ein recht lustiger Abend werden sollen!‹

Das Dienstmädchen nahm die Streichhölzer und zündete sich Feuer damit an. Wie sie sprühten und in Flammen gerieten!

›Nun kann doch ein jeder sehen‹, dachten sie, ›dass wir die Ersten sind. Welchen Glanz wir haben, welches Licht!‹ Damit waren sie ausgebrannt.«

»Das war ein herrliches Märchen!«, sagte die Königin. »Ich fühle mich ganz in die Küche versetzt zu den Streichhölzern, ja, nun sollst du unsere Tochter haben.«

»Jawohl!«, sagte der König, »du sollst unsere Tochter am Montag haben!«

Denn nun sagten sie du zu ihm, da er ja nun fortan sowieso zur Familie gehören sollte. Die Hochzeit war nun bestimmt, und am Abend vorher wurde sogar die ganze Stadt beleuchtet, Zwieback und Brezeln wurden ausgeteilt, die Straßenbuben riefen hurra und pfiffen auf den Fingern, es war außerordentlich prachtvoll.

Ja, ich muss wohl auch etwas tun!, dachte der Kaufmannssohn und kaufte Raketen, Knallerbsen und alles Feuerwerk, was man erdenken konnte, legte es in seinen Koffer und flog damit in die Luft.

Das war kein kleiner Lärm!

Alle Türken hüpften dabei in die Höhe, dass ihnen die Pantoffeln um die Ohren flogen; solche Lufterscheinungen hatten sie noch nie gesehen. Nun konnten sie begreifen, dass es der Türkengott selbst war, der die Prinzessin haben sollte.

Sobald der Kaufmannssohn wieder mit seinem Koffer herunter in den Wald kam, dachte er: ›Ich will doch in die Stadt hineingehen, um zu erfahren, wie es sich nun ausgenommen hat‹; es war ganz natürlich, dass er Lust dazu hatte.

Was doch die Leute erzählten! Ein jeder, den er danach fragte, hatte es auf seine Weise gesehen, aber schön hatten es alle gefunden.

»Ich sah den Türkengott selbst«, sagte der eine, »er hatte Augen wie glänzende Sterne und einen Bart wie schäumendes Wasser!«

»Er flog in einem Feuermantel«, sagte ein anderer. »Die lieblichsten Engelskinder blickten aus den Falten hervor!«

Ja, das waren herrliche Sachen, die er hörte, und am folgenden Tage sollte er Hochzeit haben.

Nun ging er nach dem Walde zurück, um sich in seinen Koffer zu setzen – aber wo war der? Der Koffer war verbrannt. Ein Funken des Feuerwerks war zurückgeblieben, der hatte Feuer gefangen, und der Koffer lag in Asche.

Nun konnte der Kaufmannssohn nicht mehr fliegen, nicht mehr zu seiner Braut gelangen.

Sie stand den ganzen Tag auf dem Dache und wartete; sie wartet noch immer, aber er durchwandert die Welt und erzählt Märchen, doch sind sie nicht mehr so lustig wie das Märchen, welches er einst von den Schwefelhölzern erzählte.

DER ZAUBERKRUG
Märchen aus Afrika

Es war einmal ein Mädchen, das wuchs ohne Eltern auf.

Es hatte früh seine Eltern verloren und jetzt lebte es bei Verwandten in einem kleinen Dorf.

Ihre Eltern hatten ihr nichts hinterlassen, außer einem großen alten Krug, den sie immer bei sich trug.

Im Dorf herrschte seit Wochen große Not. Das Land ringsum war trocken, die Erde war längst rissig geworden, auf den Feldern wollte nichts mehr wachsen.

Der Regen wollte und wollte nicht kommen.

Die Kinder und die Erwachsenen im Dorf litten unter dem Durst.

Da setzte sich das Mädchen mit seinem Krug in den Staub und schaute wehmütig zum Himmel hoch.

»Liebe Eltern«, sagte es leise. »Lasst es doch ein wenig regnen. Wir haben Durst.«

Da zog über ihrem Kopf eine kleine dunkle Wolke auf, und es fielen Regentropfen, wenige kostbare Regentropfen, sie fielen genau in den Krug, den das Mädchen vor sich stehen hatte.

Es regnete so lange, bis der Krug voll war, dann hörte der Regen auf, und kein Tropfen war neben dem Krug in den Staub gefallen.

Das Mädchen bedankte sich bei ihren Eltern und gab den anderen im Dorf von ihrem Krug zu trinken.

So viel Wasser sie auch in die Schalen und Handflächen der anderen goss – das Wasser wollte nicht mehr aufhören zu rinnen, es war genug Wasser im Krug für alle.

Da wusste das Mädchen, das ihre Eltern ihr einen Zauberkrug hinterlassen hatten, der für sie und die anderen sorgen würde.

Wann immer eine große Trockenheit übers Land kam und alle unter Durst litten, bat das Mädchen um Regen.

Und der Regen fiel genau in ihren Krug und alle hatten zu trinken.

Das Boot, das zu Wasser und zu Land fahren konnte
Märchen aus Italien

Es war einmal ein König, der ließ eines Tages verkünden: »Wem es gelingt, ein Boot zu bauen, das zu Wasser und zu Land fahren kann, dem gebe ich meine Tochter zur Frau. Wenn sie ihn haben will.«

Sofort begann im ganzen Land ein Planen und Bauen und schon bald wurden die unglaublichsten Schiffe vors Königsschloss gebracht.

Ein Schiff war klein wie eine Nussschale, ein anderes groß wie ein Haus.

Eines rollte wunderbar übers Feld und versank viel zu rasch im Wasser. Ein anderes schwamm lange im See, aber zu Land zerfiel es in viele Einzelteile ...

Keinem wollte es gelingen, ein Boot zu bauen, dass zugleich zu Wasser und zu Land fahren konnte.

Im Land lebte auch ein Mann, der nichts anderes besaß als drei Söhne, ein Pferd, einen Esel und ein Schwein.

Er wohnte in einem kleinen Haus, seine Frau war längst gestorben und seine drei Söhne waren sein ganzer Stolz.

»Verkauf das Pferd«, sagte der älteste Sohn. »Ich kaufe vom Geld Werkzeug,

gehe in den Wald, schneide Holz und baue ein Boot für den König.«

Der Vater ließ sich überreden, verkaufte das Pferd und gab das erhaltene Geld seinem ältesten Sohn.

Der kaufte sich Werkzeug und ging in den Wald.

Das Boot war halb fertig, als er am Abend nach Hause ging.

Im Wald traf er ein kleines Männchen.

»Was machst du Schönes, mein Sohn?«, fragte das Männchen.

»Was mir gefällt«, antwortete der älteste Sohn unfreundlich.

»Und was gefällt dir?«

»Löcher in einem Brett«, sagte der älteste Sohn ungeduldig.

»So sollst du morgen Löcher in allen Brettern finden«, sagte das kleine Männchen und ging weiter.

Als der älteste Sohn am nächsten Tag in den Wald kam, hatten alle Bretter, mit denen er das Boot bauen wollte, große und kleine Löcher ...

Zornig lief er nach Hause.

»Verkauf den Esel«, sagte darauf der mittlere Sohn zu seinem Vater.

»Ich will das Boot bauen.«

Der Vater ließ sich überreden, verkaufte den Esel und gab das erhaltene Geld seinem mittleren Sohn.

Auch er baute im Wald sein Boot und auch er traf bei seinem Heimweg das kleine Männchen.

»Was machst du Schönes, mein Sohn?«, fragte das Männchen.

»Was mir gefällt«, antwortete der mittlere Sohn schlecht gelaunt.

»Und was gefällt dir?«

»Besenstiele«, sagte der mittlere Sohn und lachte.

»So sollst du morgen Besenstiele im Wald finden«, sagte das kleine Männchen und ging weiter.

Als der mittlere Sohn am nächsten Tag in den Wald kam, bestand sein gebautes Boot nur noch aus Besenstielen ...

Zornig lief er nach Hause.

»Verkauf das Schwein«, sagte der jüngste Sohn. »Auch ich will mein Glück versuchen und ein Boot für den König bauen.«

Der Vater ließ sich überreden, verkaufte das Schwein und gab das erhaltene Geld seinem jüngsten Sohn.

Er dachte den ganzen Tag nach, wie und auf welche Weise er das Boot bauen sollte, aber er wusste keine Lösung.

Beim Nachhauseweg traf er das kleine Männchen, das er freundlich grüßte.

»Was machst du Schönes, mein Sohn?«, fragte das Männchen.

»Ach, ich möchte ein Boot bauen, das zu Wasser und zu Land fahren kann«, sagte der jüngste Sohn.

»Dann sollst du morgen so ein Boot im Wald vorfinden«, sagte das kleine Männchen und ging weiter.

Als der jüngste Sohn am nächsten Morgen zur Waldlichtung kam, stand da ein Boot, fertig gebaut, mit gehissten Segeln und Rädern und allem, was man brauchen konnte.

Der jüngste Sohn ging an Bord und sagte leise: »Boot, fahr mit mir übers Land«, und das Boot fuhr mit ihm über die Wiesen und Felder, als würde es über Wasser gleiten.

Als sie zu einem See kamen, sagte der jüngste Sohn: »Boot, fahr mit mir über das Wasser«, und das Boot fuhr mit ihm übers Wasser, als würde es über sanfte Wiesen und Hügel schweben.

So fuhr der jüngste Sohn zuerst zum Haus seines Vaters, um ihn und seine Brüder mit auf die Reise zu nehmen, und dann glitten sie gemeinsam lautlos übers Wasser und über die Felder und Wiesen zum Schloss des Königs.

Da gab es für die Leute vom Schloss viel zu staunen. Der König stand aufgeregt am Balkon und die Prinzessin sah sich den jungen Kapitän auf seinem geheimnisvollen Zauberschiff vom Turmzimmer aus an ...

Ich war nicht dabei, aber das kleine Männchen hat's mir später erzählt:

Der jüngste Sohn und die Prinzessin haben geheiratet, der Vater war überglücklich, der König zufrieden – nur die beiden Brüder ärgerten sich grün und blau und gelb.

So kann's gehen, wenn man kein reines Herz und eine scharfe Zunge hat.

Der jüngste Sohn und die Prinzessin aber wurden glücklich miteinander, und wenn sie nicht gestorben sind, dann fahren sie heute noch mit ihrem Schiff übers Wasser und übers Land und manchmal geradewegs an deinem Haus vorbei ...

»Von Sonne, Mond und Sternen
und dem Zauber
der Natur«

Als die Sonne gestohlen wurde

Märchen aus Nordamerika

Vor vielen, vielen Jahren, lange bevor es Menschen gab, lebten alle Tiere friedlich miteinander. Sie sprachen eine gemeinsame Sprache, und es gab keinen Streit unter ihnen. Die Jahreszeiten kamen und gingen, und alle fanden genug Futter, um sich zu ernähren. Einmal aber geschah es, dass der Winter nicht aufhören wollte.

Der Himmel blieb dunkel, schwarze Wolken schoben sich übers Land und immerzu fiel Schnee. Große, schwere Flocken bedeckten die Wiesen und Felder. Mit dem Schnee ringsum wuchs die Stille. Die Tiere blieben in ihren Höhlen und Nestern und sahen zu, wie der Schnee lautlos vom Himmel fiel und alles mit seinem Weiß verhüllte.

»Wir werden bald kein Futter mehr finden«, riefen einige Tiere.

»Wir werden bald erfrieren!«

Die Tiere versammelten sich im Wald.

»Jemand hat die Sonne gestohlen«, sagte der Elch. »Wir müssen sie zurückholen, bevor es zu spät ist!«

Rasch fand sich eine kleine Gruppe von Tieren. Sie sollte sich auf den Weg machen, um die Sonne zu suchen.

Der Weg war lang und beschwerlich, aber schließlich standen die Tiere vor dem Eingang zur oberen Welt.

»Lasst uns nachsehen, was mit der Sonne geschehen ist!«, riefen die Mäuse, und schon waren sie durch den Eingang geschlüpft.

Die anderen Tiere betraten die obere Welt. Wunderschöne Blumen blühten, ein See glitzerte, überall gab es eine Pracht, wie sie in der unteren Welt nicht zu sehen war.

Die Tiere kamen zum Zelt des Großen Bären, der den Eingang zur oberen Welt bewachen sollte.

Aber der Große Bär war nicht zu Hause, er war zum See jagen gegangen.

Nur seine drei kleinen Kinder waren im Zelt. Sie schauten die Besucher erstaunt an.

Auch die Tiere staunten – sie hatten noch nie solche Tiere gesehen, denn zu jener Zeit lebten noch keine Großen Bären in der unteren Welt ...

Im Zelt des Großen Bären lagen drei Beutel mit geheimnisvollen Zeichen darauf.

Die Tiere öffneten sie – und da kamen die Sonne, der Mond und die Sterne zum Vorschein. Der Große Bär hatte sie gestohlen!

Die Tiere gingen zum Eingang der unteren Welt und streuten die Sonne, den Mond und die Sterne aus – sofort wurde es unter ihnen hell! Jetzt würde der Winter nicht mehr lange bleiben ...

Als der Große Bär vom anderen Ufer des Sees aus sah, was geschehen war, sprang er in sein Boot, um zu seinem Zelt zu rudern. Aber die Mäuse hatten längst sein Ruder zernagt.

So kam er nicht weit, und als er zornig im Boot aufstand, da kippte es um und der Bär fiel ins Wasser ...

»Lasst uns gehen!«, riefen die Tiere. »Wir haben die Sonne zurückgeholt!«

Sie machten sich auf den Heimweg, und die drei kleinen Bären folgten ihnen.

Seither leben auch Bären in unserer Welt ...

Die Tiere beeilten sich bei ihrem Rückweg, sie wollten so schnell wie möglich nach Hause – und so kam es zu vielen kleinen Zwischenfällen.

Der ungeschickte Bison trat dem Biber aus Versehen auf den Schwanz. Seit jenem Tag hat der Biber einen flach gedrückten Schwanz ...

Und weil bei dem Unglück ein paar Blutstropfen auf die kleine Wildkatze spritzten, trägt ihr Fell bis heute dunkle Streifen ...

Der Elch schaute beim Gehen zu wenig auf den Weg und fiel über seine eigenen Beine. Seither hat er eine geschwollene Nase.

Die Tiere liefen und liefen, aber als sie die untere Welt erreicht hatten, sahen sie nur Wasser. Der viele Schnee vom langen Winter war geschmolzen! Überall war Wasser, weit und breit war kein Land zu sehen ...

Die Fische, die bisher – wie alle anderen Tiere – auf dem Land gelebt hatten, sprangen ins Wasser, um nach dem Weg Ausschau zu halten. Das Auf- und Abgleiten, das Schweben im Wasser gefiel ihnen, das war noch schöner als draußen in der Luft zu sein! Seither leben die Fische im Wasser ...

Die größeren Fische nahmen die anderen Tiere auf den Rücken und zogen sie vorsichtig übers Wasser, um trockenes Land zu finden.

Die Enten tauchten immer wieder mit dem Schnabel unter, um das Land unter dem Wasser nach oben zu ziehen. Sie versuchten und versuchten es, wieder und wieder,

und obwohl es ihnen bis heute nicht gelingen will, so geben sie nicht auf. Immer noch kann man sehen, wie sie mit dem Schnabel hinabtauchen …

Als die Fische müde wurden und ihre Kräfte nachließen, wurde ein bunter Vogel ausgeschickt, um nach Land zu suchen.

Der Vogel, der sich auf sein schönes Gefieder viel einbildete, war der Rabe.

Er wurde bald müde und vergaß nach Land zu suchen. Er suchte sich einen Platz zum Rasten und bewunderte sein Spiegelbild im Wasser, dann sang er ein paar Lieder. Schließlich begann er einen großen Knochen abzunagen.

Die anderen Tiere waren zornig. Zur Strafe wurde der Rabe schwarz, und nicht nur sein buntes Gefieder war mit einem Mal verschwunden, sondern auch seine schöne Stimme. Seither krächzt der Rabe mit lauter, heiserer Stimme, und als Futter bekommt er nur das, was die anderen wegwerfen …

Schließlich wurde das Schneehuhn ausgeschickt, um den richtigen Weg zu finden. Nach langer Suche fand es trockenes Land und zur Belohnung dafür darf das Schneehuhn seither zwei schöne Kleider tragen – ein weißes im Winter und ein braunes im Sommer.

Die Tiere, die die Sonne zurückgeholt hatten, wurden von den anderen Tieren stürmisch gefeiert.

Der Winter war längst verschwunden und die Sonne sorgte dafür, dass es wieder genug Nahrung für alle gab. Aber das Leben der Tiere hatte sich verändert.

Die Fische blieben im Wasser, die Hirsche und Rehe zog es in den Wald, der Biber, der sich für seinen flach gedrückten Schwanz schämte, ließ sich mitten im See nieder, dort, wo ihn keiner sehen konnte.

Die Vögel flogen in alle Himmelsrichtungen und der Elch lebte von nun an in Sumpfgebieten, dort, wo er seine geschwollene Nase gut kühlen konnte …

So begannen alle Tiere ihr eigenes Leben und bald vergaßen sie ihre gemeinsame Sprache.

Es dauerte nicht lange, und einer verstand nicht mehr, was der andere gesagt hatte.

Das war zu jener Zeit, als auch die ersten Menschen ins Land kamen …

DER SELBSTSÜCHTIGE RIESE

Märchen von Oscar Wilde

Wenn die Kinder am Nachmittag aus der Schule kamen, gingen sie für gewöhnlich in den Garten des Riesen, um dort zu spielen.

Es war ein großer, wunderschöner Garten mit weichem grünen Gras. Hier und da standen prächtige Blumen sternengleich auf der Wiese, außerdem zwölf Pfirsichbäume, die im Frühjahr zarte Blüten in Rosa und Perlweiß hervorbrachten und im Herbst reiche Frucht trugen. Die Vögel saßen in den Bäumen und sangen so lieblich, dass die Kinder im Spiel innehielten, um ihnen zuzuhören. »Wie glücklich sind wir doch hier!«, riefen sie einander zu.

Eines Tages kam der Riese zurück. Er hatte seinen Freund besucht, den Menschenfresser von Cornwall, und er war sieben Jahre lang bei ihm geblieben. Nachdem die sieben Jahre vergangen waren, hatte der Riese all das gesagt, was zu sagen war; seine Gesprächsbereitschaft war nämlich begrenzt, und so entschied er sich dafür, in sein eigenes Schloss zurückzukehren. Als er nun dort ankam, sah er die Kinder in seinem Garten spielen.

»Was macht ihr hier?«, schrie er mit äußerst mürrischer Stimme und die Kinder liefen
verängstigt davon.

»Mein eigener Garten ist immer noch mein eigener Garten«, sagte der Riese,
»das muss jeder einsehen, und ich werde niemals jemandem außer mir selbst erlauben,
darin zu spielen«. Und so errichtete er eine hohe Mauer rings um den Garten und
stellte ein großes Warnschild mit den folgenden Worten auf: Unbefugten ist der
Zutritt bei Strafe verboten! – Er war wirklich ein sehr selbstsüchtiger Riese.
Die armen Kinder hatten von nun an keinen Ort mehr, wo sie spielen konnten.
Sie versuchten auf der Straße zu spielen, aber diese war sehr staubig und voll mit
spitzen Steinen, und das gefiel den Kindern nicht. Immer wieder schlenderten sie
nach dem Unterricht um die hohe Mauer herum und sprachen von dem herrlichen
Garten, der dahinter verborgen lag. »Wie glücklich waren wir doch dort«, sagten
sie zueinander. Dann kam der Frühling und überall – landauf, landab – waren kleine
Blüten zu sehen und junge Vögel zwitscherten vergnügt. Nur im Garten des selbst-
süchtigen Riesen war immer noch Winter. Die Vögel wollten dort nicht singen und
die Bäume vergaßen zu blühen, weil keine Kinder mehr da waren.

Einmal streckte eine wunderschöne Blume ihren Kopf aus dem Gras heraus, aber als sie das Hinweisschild sah, hatte sie so großes Mitleid mit den Kindern, dass sie sich sofort wieder in den Boden zum Schlafen zurückzog. Die Einzigen, denen der Garten noch gefiel, waren der Schnee und der Frost.

»Der Frühling hat diesen Garten vergessen«, riefen sie erfreut, »wir werden das ganze Jahr über hierbleiben.« Der Schnee bedeckte das Gras mit seinem dicken weißen Mantel und der Frost ließ alle Bäume silbern erscheinen. Dann luden sie den Nordwind ein, ihnen Gesellschaft zu leisten – und er kam. Er war in warme Felle gehüllt, brüllte unaufhörlich durch den Garten und blies die Schornsteinbleche hinunter.

»Welch ein herrlicher Platz«, schwärmte er, »wir sollten den Hagel bitten, uns zu besuchen.« Und der Hagel kam. Jeden Tag prasselte er drei Stunden lang auf das Dach des Schlosses, bis er fast alle Ziegel zerstört hatte, und danach sauste er, so schnell er konnte, quer durch den Garten. Er war ganz in Grau gekleidet und sein Atem war so kalt wie Eis.

»Ich kann nicht verstehen, warum der Frühling in diesem Jahr so spät kommt«, sagte der selbstsüchtige Riese, als er an dem Fenster saß und in seinen kalten weißen Garten blickte; »ich hoffe, dass sich das Wetter bald ändert.«

Aber es kamen weder Frühling noch Sommer. Der Herbst beschenkte jeden Garten mit goldenen Früchten, nur den Garten des Riesen sparte er aus. »Er ist zu selbstsüchtig«, sagte der Herbst. So war anhaltender Winter im Garten; und der Nordwind, der Hagel, der Frost und der Schnee tanzten im Wechsel zwischen den Bäumen herum. Eines Morgens lag der Riese wach in seinem Bett, als er eine wunderschöne Musik hörte. Sie klang so lieblich in seinen Ohren, dass er dachte, es könnten doch nur die Musiker des Königs sein, die vorbeizögen. In Wirklichkeit aber war es nur ein kleiner Hänfling, der draußen vor seinem Fenster sang; aber es war so lange her, seit er einen Vogel in seinem Garten hatte singen hören, dass er das Gefühl hatte, die schönste Musik der Welt zu vernehmen. In diesem Moment hörte der Hagel auf, über seinem Kopf herumzutanzen, der Nordwind stellte sein Gebrüll ein und ein köstlicher Duft strömte ihm durch das offene Fenster entgegen. »Ich glaube, nun kommt der Frühling wohl doch noch«, sagte der Riese, sprang rasch aus dem Bett und guckte nach draußen. Und was sah er da?

Es war der wundervollste Anblick, den man sich denken konnte. Die Kinder waren durch ein kleines Loch in der Mauer in den Garten gekrochen und saßen nun auf den Zweigen der Bäume – in jedem Baum, den er sehen konnte, ein kleines Kind. Und die Bäume waren so froh, die Kinder endlich wieder bei sich zu haben, dass sie sich mit Blüten schmückten und ihre Zweige gleich schützenden Händen über den Köpfen der Kinder auf und ab bewegten. Die Vögel flogen umher und zwitscherten vor Vergnügen und die Blumen schauten lachend aus dem frischen grünen Gras heraus. Es war ein anmutiges Bild, nur in einer Ecke des Gartens war noch immer Winter.

Dort, in dem entferntesten Winkel, stand ein kleiner Junge. Er war so klein, dass er nicht an die Zweige des Baumes heranreichen konnte; immer wieder ging er um ihn herum und weinte bitterlich. Der arme Baum war immer noch über und über mit Eis und Schnee bedeckt und der Nordwind blies und heulte über ihn hinweg. »Klettere nur hinauf, kleiner Junge!«, sagte der Baum freundlich und beugte seine Zweige so tief herunter, wie er konnte, aber der Junge war einfach zu klein.

Als der Riese das sah, wurde es ihm ganz warm um das Herz. »Wie selbstsüchtig bin ich gewesen!«, sprach er reumütig zu sich selbst, »jetzt verstehe ich auch, warum der Frühling nicht in meinen Garten kommen wollte. Ich werde den kleinen Jungen auf die Spitze des Baumes setzen und danach die Mauer niederreißen. Von nun an soll der Garten auf ewig der Spielplatz der Kinder sein.«

Er bedauerte aufrichtig, was er getan hatte.

Der Riese schlich nach unten, öffnete ganz leise die Haustür und trat in den Garten. Aber als die Kinder ihn sahen, hatten sie solche Angst, dass sie alle davonrannten – und augenblicklich wurde es wieder Winter im Garten. Nur der kleine Junge lief nicht fort; denn er hatte, da seine Augen ganz mit Tränen gefüllt waren, den Riesen nicht kommen sehen. Dieser näherte sich dem Jungen ganz vorsichtig von hinten, nahm ihn

sanft in seine Hand und setzte ihn in den Baum. Unverzüglich erstrahlte der Baum in üppiger Blütenpracht und die Vögel kamen, setzten sich hinein und sangen; und der kleine Junge streckte seine Arme aus, schlang sie dem Riesen um den Hals und küsste ihn. Und als all die anderen Kinder sahen, dass der Riese nicht länger böse war, kamen sie eilig zurück – und mit ihnen kam der Frühling. »Von nun an, Kinder, ist dies euer Garten«, sagte der Riese, nahm eine riesige Axt und riss die Mauer nieder. Und als die Menschen um die Mittagszeit zum Markt gingen, da sahen sie nun den Riesen mit den Kindern im Garten spielen, dem schönsten Garten, den sie jemals gesehen hatten.

Sie spielten den ganzen Tag lang, und am Abend gingen sie auf den Riesen zu, um sich von ihm zu verabschieden.

»Aber wo ist denn euer kleiner Spielgefährte, der Junge, den ich auf den Baum gesetzt habe?«, fragte der Riese. Den kleinen Jungen liebte er nämlich am meisten, weil dieser ihn geküsst hatte.

»Das wissen wir nicht«, antworteten die Kinder, »er ist fortgegangen.«

»Ihr müsst ihm sagen, dass er morgen unbedingt wiederkommen soll«, sagte der Riese. Aber die Kinder entgegneten, dass sie nicht wüssten, wo er wohne, und dass sie ihn auch niemals zuvor gesehen hätten. Daraufhin wurde der Riese sehr traurig.

III

Jeden Nachmittag, wenn die Schule zu Ende war, kamen die Kinder und spielten mit dem Riesen. Aber den kleinen Jungen, den der Riese besonders liebte, sah man nie mehr. Der Riese war sehr freundlich zu all den Kindern, und dennoch blieb in ihm die Sehnsucht nach seinem ersten kleinen Freund; immer wieder sprach der Riese von dem Jungen. »Wie gerne würde ich ihn wiedersehen«, pflegte der Riese dann zu sagen.

Jahre vergingen und der Riese wurde ganz alt und schwach. Er konnte nicht mehr im Garten spielen, und so saß er in einem riesigen Lehnstuhl, sah den Kindern beim Spielen zu und erfreute sich an seinem Garten. »Ich habe zwar viele herrliche Blumen, aber die Kinder sind die schönsten von allen«, sagte er zu sich selbst.

An einem Wintermorgen schaute er, während er sich anzog, aus dem Fenster. Jetzt hasste er den Winter nicht mehr, denn er wusste, dass dies nur die Zeit des schlafenden Frühlings und der sich ausruhenden Blumen war. Plötzlich rieb er sich verwundert die Augen – und schaute und schaute. Es war in der Tat ein wundervoller Anblick. In der entlegensten Ecke des Gartens war ein Baum über und über mit herrlichen weißen Blüten bedeckt. Seine Zweige waren vergoldet und silberne Früchte hingen von ihnen herab. Und unter dem Baum stand der kleine Junge, den der Riese so sehr in sein Herz geschlossen hatte.

Hocherfreut rannte der Riese nach unten und hinaus in den Garten. Er hastete über die Wiese und näherte sich dem Kind. Und als er ganz nah herangekommen war, wurde sein Gesicht ganz rot vor Zorn und er fragte: »Wer hat es gewagt, dich zu verletzen?« Auf den Handflächen des Kindes waren nämlich die Male von zwei Nägeln zu erkennen, und die Male von zwei Nägeln waren auch an seinen kleinen Füßen.

»Wer hat es gewagt, dich zu verletzen?«, schrie der Riese noch einmal, »sag es mir, damit ich mein mächtiges Schwert ziehen und ihn erschlagen kann.«

»Nein!«, antwortete das Kind, »denn dies sind die Wunden der Liebe.«

»Wer bist du?«, fragte der Riese; eine seltsame Ehrfurcht überkam ihn und er kniete vor dem kleinen Jungen nieder.

Daraufhin lächelte das Kind den Riesen an und sagte zu ihm: »Du hast mich einst in deinem Garten spielen lassen, heute sollst du mit mir in meinen Garten kommen – in das Paradies eingehen.«

Und als die Kinder an diesem Nachmittag in den Garten gelaufen kamen, fanden sie den Riesen tot auf – er lag unter dem Baum und war über und über mit weißen Blüten bedeckt.

EIN KONZERT FÜR DIE SONNE

Märchen aus Mazedonien

Die große Versammlung der Tiere war zu Ende. Vieles war besprochen worden.
Die Tiere legten sich ins Gras, um sich auszuruhen, und ließen sich die Sonne auf die
Köpfe scheinen.

»Freunde, ich habe noch eine Frage!«, rief der Igel plötzlich und rannte zum Löwen,
der in der Mitte des Platzes lag.

»Wem haben wir das alles zu verdanken? Wer ist immer für uns da? Wer schenkt uns
Wärme?«

Alle schauten ihn erstaunt an.

»Von wem sprichst du?«, fragte der Löwe, der kurz dachte, der Igel könnte vielleicht
ihn meinen, den König der Tiere ...

»Von wem ich spreche? Von der Sonne!«, rief der Igel aufgeregt. »Ich spreche von der
Sonne! Sie wärmt uns, so wie jetzt. Sie zeigt uns den Weg, sie führt uns durch den Tag!
Sie ist gut zu uns!«

»Die Sonne?«, brummte der Löwe enttäuscht.

Er dachte nach, dann nickte er. »Du hast Recht! Die Sonne ist gut zu uns.«

»Aber«, rief der Igel noch aufgeregter, »die Sonne ist immer allein! Ist euch das schon
aufgefallen? Sie hat niemanden an der Seite, der für sie da ist! Ihr geht es nicht so gut
wie uns! Wir haben einen Mann, eine Frau, wir haben Kinder. Die Sonne aber ist
immer allein.

Ich finde – die Sonne sollte heiraten! Und wir müssen ihr helfen! Wir müssen jemanden
finden, der zu ihr passt!«

»Der Igel hat Recht!«, riefen die Tiere durcheinander. »Die Sonne soll heiraten! Sie ist
immer allein. Los, machen wir uns auf die Suche nach einem Bräutigam!«

Alle erhoben sich. Es herrschte ein gewaltiges Durcheinander.

»Ruhe!«, brüllte da der Löwe, so laut er konnte.

Er sprang auf einen Steinblock, von dem aus er alle gut sehen konnte.

»Was der Igel sagt, stimmt!«, rief der Löwe. »Die Sonne hilft uns, und wir brauchen sie. Aber denkt nach! Wenn die Sonne heiratet und Kinder bekommt, was wird dann geschehen?«

»Dann freuen wir uns für sie!«, rief der Igel.

»Dann freuen wir uns«, sagte der Löwe und nickte.

»Aber – wie lange freuen wir uns? Die Kinder der Sonne werden größer und größer, und plötzlich haben wir zwei, drei Sonnen am Himmel, und was geschieht dann? Es wird so heiß werden, dass es uns das Fell verbrennt, wenn wir den Schatten verlassen! Die Pflanzen und Gräser werden verbrennen in der Hitze, die Flüsse und Seen werden austrocknen, und wir werden nicht mehr wissen, wo wir einen Tropfen Wasser finden sollen …«

Die anderen Tiere waren plötzlich ruhig geworden. Erschrocken hörten sie dem Löwen zu. Daran hatten sie nicht gedacht.

»Es tut mir Leid«, sagte der Löwe. »Die Sonne ist gut zu uns, und wir müssen sie ehren und ihr Achtung erweisen. Aber sie darf nicht heiraten! Wir werden nicht losziehen, um einen Bräutigam für sie zu finden. Es wäre unser Untergang!«

Die Tiere senkten ihre Köpfe. Kein Laut war zu hören.

»Du bist klug«, sagte der Igel und verbeugte sich vor dem Löwen. »Ich bin froh, dass du mehr über meinen Vorschlag nachgedacht hast als ich!«

»Ich danke dir«, sagte der Löwe.

»Auch wenn die Sonne allein bleiben muss, damit wir leben können, so soll sie doch wissen, dass wir ihre Freunde sind.«

Und dann stimmten alle Tiere ein Konzert für die Sonne an, wie es noch nie eines gegeben hatte.

Es dauerte, bis die Sonne am Horizont unterging, und jedes Tier, das bei der großen Versammlung dabei gewesen ist, erzählt seinen Kindern heute noch davon.

WUNDERGARTEN
Deutsches Volksgut

Meine Mutter hatte einen Garten,
Und das war ein Wundergarten.
In dem Garten stand ein Baum,
Und das war ein Wunderbaum.
Auf dem Baume waren Äste,
Und das waren Wunderäste.
An den Ästen waren Zweige,
Und das waren Wunderzweige.
An den Zweigen waren Blätter,
Und das waren Wunderblätter.
In den Blättern war ein Nest,
Und das war ein Wundernest.
In dem Neste lagen Eier,
Und das waren Wundereier.
Aus den Eiern kamen Vögel,
Und das waren Wundervögel.
Diese Vögel hatten Federn,
Und das waren Wunderfedern.
Aus den Federn ward ein Bettchen,
Und das war ein Wunderbettchen.
Vor dem Bettchen stand ein Tischchen,
Und das war ein Wundertischchen.
Auf dem Tischchen lag ein Buch,
Und das war ein Wunderbuch.
In dem Buche stand geschrieben
kreuz und quer auf Seite sieben:
Meine Mutter hatte einen Garten ...

RÄTSELMÄRCHEN

Märchen der Brüder Grimm

Drei Frauen waren verwandelt in Blumen, die auf dem Felde standen, doch deren eine durfte des Nachts in ihrem Hause sein. Da sprach sie auf eine Zeit zu ihrem Mann, als sich der Tag nahte und sie wiederum zu ihren Gespielen auf das Feld gehen und eine Blume werden musste: »So du heute Vormittag kommst und mich abbrichst, werde ich erlöst und fürder bei dir bleiben.« Was dann auch geschah. Nun ist die Frage, wie sie ihr Mann erkannt habe, so die Blumen ganz gleich und ohne Unterschied waren. Antwort: »Dieweil sie die Nacht in ihrem Haus und nicht auf dem Feld war, fiel der Tau nicht auf sie als auf die andern zwei. Dabei erkannte sie der Mann.«

WARUM DER SCHNEE WEISS IST
Märchen aus Deutschland

Vor langer, langer Zeit war der Schnee noch ohne Farbe.
Er war so farblos und durchsichtig wie der Wind.
Da ging er zu den bunten Blumen auf die Wiese.
Er staunte. So viele schöne Farben!
Er fragte das Veilchen, ob es ihm nicht etwas Violett geben möchte.
»O ja! Das könnte schön ausschauen«, sagte das Veilchen.
 Schon schimmerte der Schnee wunderbar violett.
»Aber ich gebe dir meine Farbe nicht«, rief das Veilchen rasch und zog
ihr Violett zurück.

Der Schnee ging weiter. Er fragte die Sonnenblume ...
»O ja! Das könnte schön ausschauen«, sagte die Sonnenblume.
Schon leuchtete der Schnee sonnenblumengelb.

»Aber ich gebe dir meine Farbe nicht«, rief die Sonnenblume rasch
und zog ihr Gelb zurück.
Der Schnee ging weiter. Er fragte die rote Rose.
»O ja! Das könnte schön ausschauen«, sagte die Rose.
Schon war der Schnee in leuchtendes Rot gehüllt.
»Aber ich gebe dir meine Farbe nicht«, rief die Rose rasch und zog ihr Rot zurück.

Der Schnee ging weiter. Er fragte einen schmalen, grünen Grashalm ...
»O ja! Das könnte schön ausschauen«, sagte der Grashalm.
Schon war der Schnee grasgrün.
»Aber ich gebe dir meine Farbe nicht!«, rief der Grashalm rasch und zog
sein Grün zurück.

Der Schnee ging weiter. Er fragte die blaue Kornblume ...
»O ja! Das könnte schön ausschauen!«, sagte die Kornblume.
Schon glitzerte der Schnee blau in der Sonne.
»Aber ich gebe dir meine Farbe nicht«, rief die Kornblume rasch und zog
ihr Blau zurück.

Der Schnee fragte das braune Blatt.
Und die rosafarbene Blüte.
Er fragte die bunt gesprenkelte Blume.
Und die gestreifte ...
Aber niemand wollte etwas von seiner Farbe hergeben.

Da traf der Schnee eine kleine weiße Blume mit winzigen Glöckchen.
Der Schnee wagte schon kaum mehr, seine Frage zu stellen ...
»O ja!«, sagte die kleine Blume. »Wenn dir meine Farbe gefällt, kann ich
dir gern etwas davon geben.«

Und so wurde der Schnee weiß.

Auf die Blumen und Blätter und Gräser ist er nicht gut zu sprechen seit damals.
Er versucht sie mit seinem Weiß zuzudecken, wo er nur kann.
Nur die kleine weiße Blume mit ihren Glöckchen lässt er unberührt ...
Die kleine Blume trägt seither den Namen Schneeglöckchen, hat doch der Schnee sein
schönes Weiß von ihr geschenkt bekommen ...

Der goldene Schlüssel

Märchen der Brüder Grimm

Zur Winterszeit, als einmal ein tiefer Schnee lag, musste ein armer Junge hinausgehen und Holz auf einem Schlitten holen. Wie er es nun zusammengesucht und aufgeladen hatte, wollte er, weil er so erfroren war, noch nicht nach Haus gehen, sondern zuerst Feuer anmachen und sich ein bisschen wärmen. Da scharrte er den Schnee weg, und wie er so den Erdboden aufräumte, fand er einen kleinen goldenen Schlüssel. Nun glaubte er, wo der Schlüssel wäre, müsste auch das Schloss dazu sein, grub in der Erde und fand ein eisernes Kästchen. Wenn der Schlüssel nur passt! dachte er, es sind gewiss kostbare Sachen in dem Kästchen. Er suchte, aber es war kein Schlüsselloch da, endlich aber entdeckte er eins, bloß so klein, dass man es kaum sehen konnte. Er probierte und der Schlüssel passte glücklich. Da drehte er einmal herum, und nun müssen wir warten, bis er vollends aufgeschlossen und den Deckel aufgemacht hat, dann erst werden wir erfahren, was für wunderbare Sachen in dem Kästchen lagen.

»Von unbedachten Vätern,
zu freundlichen Wölfen
und anderen tragischen Helden«

Warum der Tapir an jedem Baum rüttelt

Märchen der Indianer

Früher oder noch früher, wer kann es sagen, da waren der Tapir und der Brüllaffe gute Freunde.

Sie gingen gemeinsam durch den Urwald, ließen es sich da und dort gut schmecken, und was sie fanden, das teilten sie.

Eines aber ärgerte den Brüllaffen: Der Tapir hatte eine Pfeife, die er ab und zu in den Mund steckte, um laut darauf zu pfeifen.

»Ich will diese Pfeife haben!«, sagte der Brüllaffe eines Tages und griff nach der Pfeife.

»Pfoten weg!«, sagte der Tapir. »Meine Pfeife gebe ich nicht her!«

»Dann borge sie mir!«, bat der Brüllaffe. »Nur für eine Minute. Ich will darauf pfeifen, und dann gebe ich sie dir zurück!«

Der Tapir gab dem Brüllaffen seine Pfeife. Kaum hatte der Brüllaffe die Pfeife bekommen, floh er auf den höchsten Baum und pfiff und pfiff und weigerte sich, die Pfeife zurückzugeben.

Der Tapir rüttelte am Baumstamm, aber der Brüllaffe sprang auf den nächsten Ast und so von Baum zu Baum. Der Tapir folgte ihm und rüttelte an jedem Stamm, so fest er nur konnte, aber der Brüllaffe kam nicht herunter und ließ die Pfeife nicht mehr los.

Seit jenem Tag rüttelt der Tapir an jedem Baum, an dem er vorbeikommt.

Der Brüllaffe aber kommt seit damals nicht mehr von den Bäumen herunter.

Er fürchtet sich vor dem Zorn des Tapirs und bleibt lieber auf den Ästen und Zweigen. Nicht einmal, wenn er Durst hat, verlässt er seinen Baum. Er trinkt Tautropfen und kaut saftige Blätter, niemals würde er sich zum Fluss wagen, aus Angst vor dem Tapir …

Manchmal – wenn man ganz genau hinhört – hört man ein Pfeifen, hoch oben in der Luft, zwischen den Blättern der Bäume …

Das ist der Brüllaffe mit der Pfeife des Tapirs, aber ein Pfiff zu viel, und schon ist der Tapir zur Stelle und rüttelt am Baumstamm, so fest er nur kann.

Eines Tages – wer kann es sagen – werden sie vielleicht doch noch herunterfallen, der Brüllaffe und die Pfeife des Tapirs …

Warum der Schakal heult
Märchen der nordamerikanischen Indianer

Viele Zeiten ist es her, da waren der Hund und der Schakal die besten Freunde. Sie lebten gemeinsam im Wald, sie zogen durch die Welt und ließen es sich gut gehen. Keiner von beiden hatte je einen Menschen gesehen oder ein Haus oder gar eine Feuerstelle.

Sie trieben sich auf den Wiesen und Feldern herum, jagten Hasen, liefen den wilden Katzen hinterher und suchten sich jeden Tag aufs Neue einen Platz zum Schlafen. Eines Tages jedoch sahen sie etwas Seltsames.

Auf einer Wiese standen hohe Gebäude und es gab große Gestalten, die Wasser in Behältern umhertrugen und kleine Fleischstücke über ein helles Licht hielten, das leuchtete und knisterte und gefährlich aussah.

Als sie näher schlichen, spürten sie die Hitze, die von diesem Licht ausging. Ein paar Funken versengten das Fell des Schakals.

Rasch flüchteten sie zurück in den Wald.

Der Schakal und der Hund hatten ein Dorf entdeckt, und da es ein Fest im Dorf gab, wurde Wasser vom Brunnen geholt und gutes Fleisch über dem Feuer gebraten.

»Diese Wesen sind gefährlich«, sagte der Schakal. »Hast du dieses furchtbare Licht gesehen, das einem das Fell verbrennt?«

Seit jener Zeit haben Schakale Angst vor dem Feuer ...

Der Hund dachte nur an den guten Geruch des Essens, der durch die Luft zog ...

»Ich habe Hunger«, sagte er. »Und wenn man Hunger hat, fürchtet man sich weniger als sonst.«

Er rannte auf das Dorf zu.

Der Schakal versteckte sich erschrocken hinter einem Baum. Der Hund wurde von den Menschen freudig begrüßt. Er wurde gestreichelt, bekam Wasser zu trinken und ein großes Stück vom Braten. Er legte sich zufrieden in die Nähe des Feuers und freute sich, dass es ihn so schön wärmte.

An jenem Abend beschloss der Hund, bei den Menschen zu bleiben, er wurde ihr Begleiter, und bis heute sind der Hund und der Mensch gute Freunde. Der Schakal aber heulte und heulte um seinen Freund, er heulte die ganze Nacht, um ihn wieder in den Wald zu locken.

Auch heute noch kann man den Schakal in der Nähe von Dörfern heulen hören, wenn es dunkel wird. Und wenn der Schakal irgendwo Feuer sieht, dann bekommt er es mit der Angst zu tun und verschwindet, so schnell er nur kann ...

DAS SCHÖNSTE KIND VON ALLEN!

Märchen aus Griechenland

Eines Tages beschlossen auch die Tiere, ihre Kinder
in eine Schule zu schicken.
Ein Lehrer wurde gefunden, und schon bald gingen
die Tierkinder in den Unterricht, um lesen und
schreiben zu lernen.
Manchmal kam es vor, dass der Unterricht etwas
länger dauerte, und dann packten einige Mütter
das Mittagessen einfach ein und brachten es ihren
Kindern in die Schule.

Auch die Eule war gerade unterwegs zur Schule, um ihrer Tochter etwas zu bringen,
da traf sie das Rebhuhn.
»Ach, Sie gehen zur Schule?«, fragte das Rebhuhn. »Wären Sie so freundlich, auch
meinem Kind etwas mitzubringen?«
Sie holte ein kleines Päckchen hervor und gab es der Eule.
»Das kann ich gerne machen«, sagte die Eule. »Aber – wie erkenne ich denn
Ihr Kind?«
»Ach, nichts leichter als das«, sagte das Rebhuhn »Mein Kind ist das schönste
von allen! Sie werden es leicht finden!«
Die Eule ging zur Schule und brachte ihrer Tochter etwas zu essen.
»Darf ich mir alle Kinder, die in der Schule sind, kurz anschauen?«, fragte sie
den Lehrer.
Der stimmte zu, voller Stolz auf seine vielen Schülerinnen und Schüler.
Die Eule ging durch die ganze Schule, sie schaute in alle Klassen und sogar auf den
Schulhof. Überall hielt sie Ausschau nach dem Kind des Rebhuhns.
Auf dem Heimweg ging sie zum Rebhuhn und gab ihm das Päckchen wieder zurück.
»Es tut mir Leid«, sagte die Eule. »Aber ich konnte Ihr Kind nicht finden.
So genau ich auch geschaut habe – in der ganzen Schule war kein einziges
Kind schöner als meines!«

Warum der Wolf im Wald lebt

Märchen aus Spanien

Vor langer, langer Zeit lebte der Wolf noch unter den anderen Tieren auf der Wiese. Er war ein freundlicher Geselle, der nur ein Problem hatte: Ständig knurrte sein Magen, ständig hatte er Hunger.

Also ging er zu zwei Widdern und sagte: »Ich habe furchtbaren Hunger. Ich werde einen von euch beiden verspeisen.«

»Das ist schlimm«, sagten die beiden Widder. »Wir wollen nur noch rasch die Wiese aufteilen, für unsere Kinder. Bleib einfach in Ruhe hier stehen, wir sind gleich zurück.«

»Meinetwegen«, sagte der Wolf und blieb in der Mitte der Wiese stehen.

Ein Widder ging auf die eine Seite der Wiese, der andere Widder auf die andere Seite. Plötzlich senkten sie beide ihre Köpfe und rannten geradewegs auf den Wolf zu.

»Hilfe!«, rief der Wolf, als er die Widder von beiden Seiten auf sich zukommen sah. Schnell machte er sich aus dem Staub.

»Ich habe furchtbaren Hunger!«, sagte der Wolf Stunden später zu einem Pferd. »Ich werde dich jetzt verspeisen!«

»Da ist schlimm«, sagte das Pferd. »Aber ich habe einen großen Dorn in meinem hinteren linken Huf, den solltest du vorher herausziehen, sonst kannst du dich daran verletzen!«

»Meinetwegen«, sagte der Wolf und bückte sich zu den Hinterbeinen des Pferdes. Da gab ihm das Pferd einen Tritt, dass er hoch durch die Luft flog und unsanft auf der Wiese landete.

Alles tat ihm weh, als er langsam weiterging.

»Ich habe furchtbaren Hunger!«, sagte der müde Wolf zu einem Schwein, das sich im Schlamm wälzte. »Ich werde dich jetzt verspeisen!«

»Das ist schlimm«, sagte das Schwein. »Aber sieh nur, wie schmutzig ich bin. Ich will mich vorher im Fluss noch ordentlich waschen!«

»Meinetwegen!«, sagte der Wolf und ging mit dem Schwein zum Fluss.

Als er neben ihm beim Wasser stand, gab ihm das Schwein einen Stoß, und schon lag er im Wasser.

Die Strömung des Flusses riss ihn mit, und es dauerte eine Zeit, bis er sich endlich ans Ufer retten konnte.

»Jetzt reicht's aber!«, sagte der Wolf, als er von oben bis unten nass aus dem Fluss stieg.

»Ab jetzt wird nicht mehr lange gefragt. Und ich übersiedle in den Wald, wo ich meine Ruhe habe vor Widdern, Pferden und Schweinen!«

Und so kommt es, dass der Wolf heute im Wald lebt und dass er nicht mehr so freundlich zu allen Lebewesen ist wie früher, vor langer, langer Zeit ...

Von den drei Fischen

Märchen aus Syrien

In einem kleinen Teich lebten drei Fische.

Eines Tages blieben drei Fischer lange am Teich stehen und sagten: »Schaut euch diese herrlichen Fische an! Wir müssen morgen kommen und diesen Teich leer fischen!« Dann gingen sie zurück ins Dorf.

Die drei Fische hatten die Worte der Fischer gehört.

Der erste wurde sehr nachdenklich. Lange blieb er still. Dann sagte er: »Was du heute kannst besorgen, das verschiebe nicht auf morgen!«

Er suchte sich eine Stelle im Teich, die zu einem nahen Bach führte.

Er rutschte über ein paar nasse Steine und schon war er im rettenden Bach und schwamm auf und davon.

Der zweite Fisch dachte nur kurz über die Worte der Fischer nach.

»Morgen ist auch noch ein Tag«, sagte er zu sich und ließ es sich im kühlen Wasser gut gehen.

Als er am nächsten Morgen die Stelle suchte, wo der Bach ganz nahe war, da hatten die Fischer viele Steine aufgeschlichtet, und er konnte den Bach nicht mehr erreichen.

Er dachte noch einmal nach und sagte zu sich: »Nur nicht den Kopf verlieren!«

Er stellte sich tot und ließ sich – mit dem Bauch nach oben – im Wasser treiben.

Als die Fischer ihn so sahen, holten sie ihn mit einem Netz aus dem Wasser und warfen ihn ins Gras am Ufer.

Sie legten ihre Netze aus und achteten nicht weiter auf ihn.

Da schnellte der Fisch kurz in die Höhe und schon landete er im Bach.

Mit ein paar raschen Bewegungen war er verschwunden.

Der dritte Fisch hatte keine Lust, über die Worte der Fischer nachzudenken.

»Es ist bisher nichts passiert, also wird auch weiterhin nichts passieren!«, sagte er sich.

Da zog sich ein Netz um ihn zusammen, und mit einem festen Ruck wurde er aus dem Wasser gezogen.

So wurde der dritte Fisch von den Fischern gefangen, so wie sie es gesagt hatten, und noch am selben Abend lag er gebraten auf dem Tisch des Gasthauses im Dorf.

DIE GLOCKE DES GROSSVATERS

Märchen aus Indonesien

Der Kater ließ es sich gut gehen und lag in der Sonne vor dem Haus.

Da kamen Affen aus dem nahen Urwald gelaufen und sprangen vor seiner Nase herum. Sie ließen ihn nicht schlafen, lärmten und schrien, kletterten auf die Bäume und aufs Dach, sprangen über die Blumen im Garten und wollten sich gar nicht beruhigen.

Der Kater ärgerte sich und beschloss, ihnen einen Streich zu spielen.

»Von mir aus könnt ihr machen, was ihr wollt«, sagte er schläfrig. »Ihr dürft nur eines nicht!«

Die Affen kamen neugierig näher.

»Was dürfen wir nicht?«, fragte einer von ihnen.

Der Kater zeigte auf ein Wespennest, das auf einem Ast im Baum hing.

»Das ist die Glocke des Großvaters«, sagte der Kater mit verschwörerischer Stimme.

»Die darf nur drei Mal im Jahr geläutet werden, an ganz besonders hohen Feiertagen. Und nur der Großvater selbst darf sie läuten! Wenn es jemand anderer tut, dann kann er ganz schön böse werden!«

»Das wollen wir sehen!«, riefen einige Affen und kletterten sofort auf den Baum mit dem Wespennest.

»Ich habe euch gewarnt«, sagte der Kater und verschwand im Haus.

Einige Affen waren schon nahe beim Wespennest. Sie nahmen einen Stock und schlugen auf die vermeintliche Glocke des Großvaters ein.

Da flogen die Wespen aus ihrem Nest heraus und stachen die Affen in die Arme und in die Beine und in die Köpfe und in ihre Hinterteile und überallhin, wo es weh tat.

Die Affen rannten und rannten, und die Wespen waren über ihren Köpfen wie viele kleine dunkle Wolken.

Endlich kamen die Affen zu einem Fluss. Da sprangen sie hinein und das Wasser kühlte ihre Haut. Noch tagelang brannte ihnen der ganze Körper.

Einige von ihnen – so wird erzählt – sitzen heute noch im Fluss …

Die sieben Raben

Märchen der Brüder Grimm

Ein Mann hatte sieben Söhne und immer noch kein Töchterchen, sosehr er sich's auch wünschte; endlich gab ihm seine Frau wieder gute Hoffnung zu einem Kinde, und wie's zur Welt kam, war es auch ein Mädchen. Die Freude war groß, aber das Kind war schmächtig und klein und sollte wegen seiner Schwachheit die Nottaufe haben. Der Vater schickte einen der Knaben eilends zur Quelle, Taufwasser zu holen: die andern sechs liefen mit, und weil jeder der Erste beim Schöpfen sein wollte, so fiel ihnen der Krug in den Brunnen. Da standen sie und wussten nicht, was sie tun sollten, und keiner getraute sich heim. Als sie immer nicht zurückkamen, ward der Vater ungeduldig und sprach: »Gewiss haben sie's wieder über ein Spiel vergessen, die gottlosen Jungen.« Es ward ihm angst, das Mädchen musste ungetauft verscheiden, und im Ärger rief er: »Ich wollte, dass die Jungen alle zu Raben würden.«
Kaum war das Wort ausgeredet, so hörte er ein Geschwirr über seinem Haupt in der Luft, blickte in die Höhe und sah sieben kohlschwarze Raben auf- und davonfliegen. Die Eltern konnten die Verwünschung nicht mehr zurücknehmen, und so traurig sie über den Verlust ihrer sieben Söhne waren, trösteten sie sich doch einigermaßen durch ihr liebes Töchterchen, das bald zu Kräften kam und mit jedem Tage schöner ward. Es wusste lange Zeit nicht einmal, dass es Geschwister gehabt hatte, denn die Eltern hüteten sich, ihrer zu erwähnen, bis es eines Tages von ungefähr die Leute von sich sprechen hörte, das Mädchen wäre wohl schön, aber doch eigentlich schuld an dem Unglück seiner sieben Brüder. Da ward es ganz betrübt, ging zu Vater und Mutter und fragte, ob es denn Brüder gehabt hätte und wo sie hingeraten wären. Nun durften die Eltern das Geheimnis nicht länger verschweigen, sagten jedoch, es sei so des Himmels Verhängnis und die Geburt nur der unschuldige Anlass gewesen. Allein das Mädchen machte sich täglich ein Gewissen daraus und glaubte, es müsste seine Geschwister wieder erlösen.

Es hatte nicht Ruhe und Rast, bis es sich heimlich aufmachte und in die weite Welt ging, seine Brüder irgendwo aufzusparen und zu befreien, es möchte kosten, was es wollte. Es nahm nichts mit sich als ein Ringlein von seinen Eltern zum Andenken, einen Laib Brot für den Hunger, ein Krüglein Wasser für den Durst und ein Stühlchen für die Müdigkeit.

Nun ging es immerzu, weit, weit bis an der Welt Ende. Da kam es zur Sonne, aber die war zu heiß und fürchterlich und fraß die kleinen Kinder. Eilig lief es weg und lief hin zu dem Mond, aber der war zu kalt und auch grausig und bös, und als er das Kind merkte, sprach er: »Ich rieche Menschenfleisch.«

Da machte es sich geschwind fort und kam zu den Sternen, die waren ihm freundlich und gut, und jeder saß auf seinem besondern Stühlchen. Der Morgenstern aber stand auf, gab ihm ein Hinkelbeinchen und sprach: »Wenn du das Beinchen nicht hast, kannst du den Glasberg nicht aufschließen, und in dem Glasberg sind deine Brüder.«

Das Mädchen nahm das Beinchen, wickelte es wohl in ein Tüchlein und ging wieder fort, so lange, bis es an den Glasberg kam. Das Tor war verschlossen und es wollte das Beinchen hervorholen, aber wie es das Tüchlein aufmachte, so war es leer, und es hatte das Geschenk der guten Sterne verloren. Was sollte es nun anfangen? Seine Brüder wollte es erretten und hatte keinen Schlüssel zum Glasberg. Das gute Schwesterchen nahm ein Messer, schnitt sich ein kleines Fingerchen ab, steckte es in das Tor und schloss glücklich auf. Als es eingegangen war, kam ihm ein Zwerglein entgegen, das sprach: »Mein Kind, was suchst du?«
»Ich suche meine Brüder, die sieben Raben«, antwortete es.
Der Zwerg sprach: »Die Herren Raben sind nicht zu Haus, aber willst du hier so lang warten, bis sie kommen, so tritt ein.« Darauf trug das Zwerglein die Speise der Raben herein auf sieben Tellerchen und in sieben Becherchen, und von jedem Tellerchen aß das Schwesterchen ein Bröckchen, und aus jedem Becherchen trank es ein Schlückchen;

in das letzte Becherchen aber ließ es das Ringlein fallen, das es mitgenommen hatte. Auf einmal hörte es in der Luft ein Geschwirr und ein Geweh, da sprach das Zwerglein: »Jetzt kommen die Herren Raben heimgeflogen.« Da kamen sie, wollten essen und trinken und suchten ihre Tellerchen und Becherchen. Da sprach einer nach dem andern: »Wer hat von meinem Tellerchen gegessen? Wer hat aus meinem Becherchen getrunken? Das ist eines Menschen Mund gewesen.« Und wie der siebente auf den Grund des Bechers kam, rollte ihm das Ringlein entgegen. Da sah er es an und erkannte, dass es ein Ring von Vater und Mutter war, und sprach: »Gott gebe, unser Schwesterlein wäre da, so wären wir erlöst.«

Wie das Mädchen, das hinter der Türe stand und lauschte, den Wunsch hörte, so trat es hervor, und da bekamen alle die Raben ihre menschliche Gestalt wieder. Und sie herzten und küssten einander und zogen fröhlich heim.

138

DER ESELTREIBER UND DIE ZWEI DIEBE

Arabisches Märchen

Ein Eseltreiber ging mit seinem Esel zum Markt.

Der Esel hatte ihm lange Jahre gedient, aber nun war er alt und müde geworden, und so sollte er verkauft werden.

Zwei Diebe sahen den mürrischen Eseltreiber den Weg entlang kommen.

Da sagte einer der beiden: »Ich habe große Lust, diesem Mann seinen Esel zu stehlen, und du wirst sehen, es wird ganz einfach sein.«

Der andere erschrak: »Du willst am helllichten Tag einen Esel stehlen? Vor den Augen des Eseltreibers?«

»Lass mich nur machen«, sagte sein Freund und versteckte sich hinter einem blühenden Strauch.

Als der Eseltreiber nahe beim Strauch war, begann der Mann laut zu zwitschern.

Der Eseltreiber wurde neugierig und schaute hinter den Strauch.

Den Lederriemen, an dem er seinen Esel führte, ließ er dabei nicht aus der Hand.

Vielleicht würde er einen kostbaren Vogel sehen und ihn fangen können? Für seltene Vögel gab es auf dem Vogelmarkt immer einen guten Preis! Er machte noch einen Schritt hinter den Strauch.

In dieser Sekunde nahm der Dieb dem Esel das Zaumzeug ab und hängte es sich selbst um den Hals. Der zweite Dieb verschwand mit dem Esel zwischen den Büschen.

Der Eseltreiber wunderte sich, dass er keinen Vogel gesehen hatte! Nicht einmal einen winzig kleinen! Ohne auch nur einen Blick auf seinen Esel zu werfen, zerrte er am Lederriemen und setzte missmutig seinen Weg fort.

Da blieb der Esel hinter ihm plötzlich stehen und ging keinen Schritt mehr weiter.

Wütend drehte sich der Mann um – aber was musste er sehen!

Sein Esel war verschwunden! An seiner Stelle stand ein junger Mann mit dem Zaumzeug um den Hals und sah ihn müde an.

»Wer bist du?«, fragte der Eseltreiber erschrocken.

»Ich bin dein Esel«, sagte der Mann. »Früher war ich ein Mensch.
Aber als ich einmal nicht so recht arbeiten wollte, da wurde ich
von einer bösen Frau in einen Esel verwandelt. Zehn Jahre
lang musste ich Lasten auf meinem Rücken tragen und hart
arbeiten. Zehn Jahre lang bekam ich den Stock zu spüren.
Zehn Jahre lang war ich ein Esel, aber heute sind die zehn
Jahre um, und jetzt habe ich meine menschliche Gestalt wieder.«
Der Eseltreiber wurde blass.

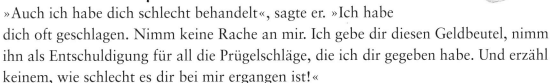

»Auch ich habe dich schlecht behandelt«, sagte er. »Ich habe
dich oft geschlagen. Nimm keine Rache an mir. Ich gebe dir diesen Geldbeutel, nimm
ihn als Entschuldigung für all die Prügelschläge, die ich dir gegeben habe. Und erzähl
keinem, wie schlecht es dir bei mir ergangen ist!«
Der Dieb überlegte kurz, dann nahm er den Geldbeutel an, legte das Zaumzeug ab
und verschwand im Wald.
Dort wartete schon der zweite Dieb mit dem Esel.
Sie gingen in die Stadt und verkauften den Esel auf dem Markt, und so bekamen sie
noch am selben Tag einen zweiten Geldbeutel …
Als der Eseltreiber einige Tage später auf den Markt ging, um sich einen neuen Esel
zu kaufen, sah er seinen alten Esel wieder. Er erkannte ihn sofort am eingebrannten
Zeichen auf dem Rücken.
»O du Unglücklicher!«, rief er zum Erstaunen der anderen laut aus.
»Nur ein paar Tage lang durftest du ein Mensch sein, dann wurdest du wieder in einen
Esel verzaubert! Oh du Unglücklicher! Ich will dich kaufen, und dieses Mal wird es dir
an nichts fehlen, das verspreche ich dir! Du sollst gute zehn Jahre bei mir haben!«
Er kaufte den Esel, kraulte ihn hinter den Ohren, streichelte sein Fell und sprach mit
ihm wie mit einem Freund. So führte er ihn aus der Stadt.
Die Händler schüttelten den Kopf und schauten den beiden lange erstaunt nach.
Was war bloß mit dem mürrischen Eseltreiber geschehen?
Das wussten nur die beiden Diebe, die nun genug Geld hatten, um für lange Zeit ein
gutes, schönes Leben zu führen …
Und ein gutes, schönes Leben, das hatte auch der Esel, dem es beim Eseltreiber an
nichts mehr fehlen sollte …

DER HÖLZERNE FISCH

Märchen aus der Südsee

Es waren einmal zwei Brüder, die waren sehr unterschiedlich.
Der eine hieß Tokabina, und er dachte lange nach, bevor er etwas tat.
Der andere hieß Tokawinu, und er hatte keine Lust, lange darüber nachzudenken, was man tun sollte und was nicht.

Eines Tages schnitzte Tokabina einen hölzernen Fisch, einen Tintenfisch, und weil er so schön und echt aussah wie ein echter Fisch, beschloss Tokabina ihn ins Meer zu werfen.
»Schau, was ich für dich gemacht habe«, sagte er zum Meer und warf den hölzernen Fisch ins Wasser.
Da wurde der Fisch lebendig und schwamm glücklich im Wasser auf und ab. Er trieb so viele Sardinen auf das Netz von Tokabina zu, dass dieser das schwere, volle Netz nur hochziehen musste.
Als Tokawinu, sein Bruder, die vielen Fische sah, wollte er sofort auch zum Meer laufen und sein Netz auswerfen.
Da erzählte Tokabina vom hölzernen Fisch, und schon setzte sich Tokawinu an den Tisch und begann zu schnitzen.
»Es muss ein Tintenfisch sein«, sagte Tokabina.
»Jaja, schon gut«, sagte sein Bruder ungeduldig und sein Schnitzmesser glitt rasch durchs Holz.
Aber seine Hände waren zu schnell und das Messer rutschte da und dort ab, und so schnitzte Tokawinu einfach einen Hai.
Tokawinu lief zum Meer und warf seinen Fisch ins Wasser.
Da wurde der Hai lebendig. Er zerbiss die Fischernetze und schwamm davon.
»Was hast du gemacht?«, sagte Tokabina, der seinem Bruder gefolgt war.
»Jetzt wird dieser Hai Jagd auf unsere Fische machen und auf uns Menschen, und wir werden Angst haben, wenn wir im Meer schwimmen.« Traurig gingen die beiden Brüder nach Hause.
Tokabina umarmte seinen Bruder, der vor Schreck ganz still geworden war. Dann nahm er das Schnitzmesser vom Tisch und verwahrte es an einem sicheren Ort.

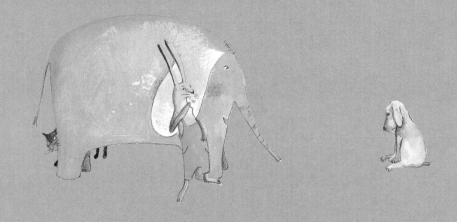

»Von grosszügigen Armen,
cleveren Dummen und Kleinen,
die gross rauskommen«

Die Bienenkönigin

Märchen der Brüder Grimm

Zwei Königssöhne gingen einmal auf Abenteuer und gerieten in ein wildes, wüstes Leben, so dass sie gar nicht wieder nach Haus kamen. Der jüngste, welcher der Dummling hieß, machte sich auf und suchte seine Brüder. Aber wie er sie endlich fand, verspotteten sie ihn, dass er mit seiner Einfalt sich durch die Welt schlagen wollte, und sie zwei könnten nicht durchkommen und wären doch viel klüger.

Sie zogen alle drei miteinander fort und kamen an einen Ameisenhaufen. Die zwei ältesten wollten ihn aufwühlen und sehen, wie die kleinen Ameisen in der Angst herumkröchen und ihre Eier forttrügen, aber der Dummling sagte: »Lasst die Tiere in Frieden, ich leid's nicht, dass ihr sie stört.«

Da gingen sie weiter und kamen an einen See, auf dem schwammen viele, viele Enten. Die zwei Brüder wollten ein paar fangen und braten, aber der Dummling ließ es nicht zu und sprach: »Lasst die Tiere in Frieden, ich leid's nicht, dass ihr sie tötet.«

Endlich kamen sie an ein Bienennest, darin war so viel Honig, dass er am Stamm herunterlief. Die zwei wollten Feuer unter den Baum legen und die Bienen ersticken, damit sie den Honig wegnehmen könnten. Der Dummling hielt sie aber wieder ab und sprach: »Lasst die Tiere in Frieden, ich leid's nicht, dass ihr sie verbrennt.«

Endlich kamen die drei Brüder in ein Schloss, wo in den Ställen lauter steinerne Pferde standen, auch war kein Mensch zu sehen, und sie gingen durch alle Säle, bis sie vor eine Tür ganz am Ende kamen, davor hingen drei Schlösser; es war aber mitten in der Türe ein Lädlein, dadurch konnte man in die Stube sehen. Da sahen sie ein graues Männchen, das an einem Tisch saß. Sie riefen es an, einmal, zweimal, aber es hörte nicht; endlich riefen sie zum dritten Mal, da stand es auf, öffnete die Schlösser und kam heraus. Es sprach aber kein Wort, sondern führte sie zu einem reichbesetzten Tisch; und als sie gegessen und getrunken hatten, brachte es einen jeglichen in sein eigenes Schlafgemach.

Am andern Morgen kam das graue Männchen zu dem ältesten, winkte und leitete ihn zu einer steinernen Tafel, darauf standen drei Aufgaben geschrieben, wodurch das Schloss erlöst werden könnte.

Die erste war: In dem Wald unter dem Moos lagen die Perlen der Königstochter, tausend an der Zahl, die mussten aufgesucht werden, und wenn vor Sonnenuntergang noch eine einzige fehlte, so ward der, welcher gesucht hatte, zu Stein. Der älteste ging hin und suchte den ganzen Tag, als aber der Tag zu Ende war, hatte er erst hundert gefunden; es geschah, wie auf der Tafel stand, er ward in Stein verwandelt.

Am folgenden Tag unternahm der zweite Bruder das Abenteuer, es ging ihm aber nicht viel besser als dem ältesten, er fand nicht mehr als zweihundert Perlen und ward zu Stein. Endlich kam auch an den Dummling die Reihe, der suchte im Moos, es war aber so schwer, die Perlen zu finden, und ging so langsam. Da setzte er sich auf einen Stein und weinte. Und wie er so saß, kam der Ameisenkönig, dem er einmal das Leben erhalten hatte, mit fünftausend Ameisen, und es währte nicht lange, so hatten die kleinen Tiere die Perlen miteinander gefunden und auf einen Haufen getragen.

Die zweite Aufgabe aber war, den Schlüssel zu der Schlafkammer der Königstochter aus dem See zu holen. Wie der Dummling zum See kam, schwammen die Enten, die er einmal gerettet hatte, heran, tauchten unter und holten den Schlüssel aus der Tiefe.

Die dritte Aufgabe aber war die schwerste, aus den drei schlafenden Töchtern des Königs sollte die jüngste und die liebste herausgesucht werden. Sie glichen sich aber vollkommen und waren durch nichts verschieden, als dass sie, bevor sie eingeschlafen waren, verschiedene Süßigkeiten gegessen hatten, die älteste ein Stück Zucker, die zweite ein wenig Sirup, die jüngste einen Löffel voll Honig. Da kam die Bienenkönigin von den Bienen, die der Dummling vor dem Feuer geschützt hatte, und versuchte den Mund von allen dreien; zuletzt blieb sie auf dem Mund sitzen, der Honig gegessen hatte, und so erkannte der Königssohn die rechte.

Da war der Zauber vorbei, alles war aus dem Schlaf erlöst, und wer von Stein war, erhielt seine menschliche Gestalt wieder. Und der Dummling vermählte sich mit der jüngsten und liebsten und ward König nach ihres Vaters Tod; seine zwei Brüder aber erhielten die beiden andern Schwestern.

DIE SCHWALBE UND DAS MEER

Märchen aus Ägypten

Dem jungen Pharao wurden viele Geschichten erzählt …
Oft waren Geschichten über die Macht darunter. Wie
man sie gewinnen und wie man sie wieder verlieren konnte.
Solche Geschichten bekam der junge Pharao von seinen
Beratern zu hören, und um ihn nicht zu erzürnen,
wurden diese Geschichten als Märchen erzählt …
»Kennt Ihr, o Pharao, das Märchen von der Schwalbe
und dem Meer?«
So wurde der Pharao gefragt, und als er neugierig den
Kopf schüttelte, begann einer von ihnen zu erzählen:
»Es war einmal eine kleine Schwalbe, die brütete am Strand des großen Meeres.
Als ihre Jungen geboren waren, flog sie unermüdlich über den Sand und das Meer,
um Futter für ihre Kinder zu holen.
›Achte auf meine Kleinen‹, sagte sie zum Meer, und schon war sie in der Luft.
Eines Tages machte sich das Meer ein Spiel daraus, die Schwalbe zu ärgern. Mit ein
paar kräftigen Wellen holte es das Nest mit den Schwalbenjungen vom Strand und
ließ es weit hinaustreiben. Als die Schwalbe mit Futter im Schnabel zurückkam, sah
sie, was geschehen war.
›Gib mir sofort meine Jungen zurück!‹, sagte die Schwalbe zornig.
›Wenn du es nicht tust, dann werde ich dich mit meinem Schnabel ausschöpfen,
Tropfen für Tropfen!‹
Das Meer musste lachen. ›Weißt du nicht, wie groß das Meer ist?‹
›Mein Schnabel ist klein, aber mein Zorn ist groß‹, sagte die Schwalbe, nahm einen
Tropfen des Meeres in ihren Schnabel und ließ ihn in den trockenen Sand fallen.
Ohne Unterlass flog die Schwalbe zwischen dem Meer und dem Sand hin und her,
und immer schöpfte sie einen Tropfen Wasser aus dem Meer, und es schien, als
würde sie nie müde werden.
Da wurde es dem Meer unheimlich zumute.
›Die kleine Schwalbe wird nicht aufhören damit‹, dachte es, ›und wer weiß, vielleicht
kommen ihr bald andere Schwalben zu Hilfe. Es war nicht klug von mir, sie zu ärgern.‹
So trug das Meer das Schwalbennest mit den Jungen zurück an den Strand, und die
kleine Schwalbe hörte auf, das große Meer – Tropfen für Tropfen – auszuschöpfen.«
Der junge Pharao hatte gut zugehört.
»Ich habe verstanden«, sagte er. »Das Unrecht, das man dem Kleinsten seiner
Untertanen zufügt, wie rasch kann es für das ganze Reich gefährlich werden …«
Da lächelte der Alte, der ihm das Märchen erzählt hatte, und verbeugte sich tief vor
dem jungen Pharao.

DAS ROTE LAMM
Märchen aus Finnland

Es war einmal eine Prinzessin, die nicht lachen konnte.

Aus dem ganzen Land kamen Hofnarren und Spaßmacher, um sie zum Lachen zu bringen. Sie erzählten Witze und stolperten dabei über ihre eigenen Füße, sie zeigten Kunststücke und fielen dabei die Treppe hinunter, sie verbogen ihre Hände, rollten mit den Augen und sprangen gackernd wie Hühner durch den Saal. Sie bewarfen sich mit Eiern, setzten sich Perücken und Hüte auf und rannten gegen verschlossene Türen. Sie kitzelten sich gegenseitig mit großen Federn, bis schließlich alle im Schloss sich vor Lachen den Bauch hielten.

Nur die Prinzessin, die nicht lachen konnte, saß still da, nickte allen freundlich zu und sagte traurig in das Gelächter hinein: »Ich wünsche euch noch einen schönen Tag!«, und dann ging sie auf ihr Zimmer.

Ihre Mutter war vor Jahren gestorben, und seither war ihr immerzu nach Weinen zumute. Sie hatte das Lachen verlernt.

Was ihr Vater, der König, auch versuchte, so viele Gäste er auch an den Hof holte – niemand konnte seine Tochter zum Lachen bringen.

Von all dem wusste der junge Hirte nichts, der weit weg vom Schloss die Schafe eines reichen Bauern hüten musste.

Ihm war auch nicht nach Lachen zumute, denn der Bauer war streng und grausam zu ihm und gab ihm nur wenig zu essen und kaum Geld für seine Arbeit. Dazu drohte er dem Hirten noch: »Wenn auch nur eines meiner Schafe verloren geht, dann wirst du teuer dafür bezahlen!«

Der Hirte wohnte in einer kleinen Hütte im Wald, dort lebte er allein mit seinen Schafen.

Eines Abends klopfte es an seiner Tür.

Ein fremder Mann stand vor seiner Hütte und bat um Einlass.

Er sei schon lange unterwegs, sagte der Mann, und er habe großen Hunger und großen Durst.

Der junge Schafhirte überlegte nicht lange.

»Du bist mein Gast«, sagte er zu dem Fremden. »Und meinen Gästen soll es an nichts mangeln!«

Da er nicht mehr zu essen im Haus hatte als ein Stück hartes Brot und ein kleines Stück Käse, beschloss er ein Lamm zu schlachten.

Mochte der reiche Bauer ihn doch bestrafen! Sein Gast sollte in dieser Nacht keinen Hunger haben!

Schon bald roch es im ganzen Haus nach gebratenem Fleisch, und der Hirte und sein Gast ließen es sich gut schmecken.

Am nächsten Morgen verabschiedete sich der Fremde.

»Deine Gastfreundschaft soll belohnt werden«, sagte er zum jungen Hirten. »Geh zum Stall und sieh nach den Schafen!«

Der Hirte ging zum Stall, öffnete die Tür – und blieb überrascht stehen. Der Stall war voll mit Schafen, die er zuvor noch nie gesehen hatte. Und mitten unter all den weißen und schwarzen Schafen stand ein schönes rotes Lamm.

Der Hirte staunte. Er hatte noch nie ein rotes Lamm gesehen!

Der Fremde war ihm gefolgt und legte ihm eine Hand auf die Schulter: »Dieses rote Lamm ist dein Eigentum. Es gehört dir. Bring alle anderen Schafe dem Bauern zurück und verlang gutes Geld dafür, das rote Lamm aber behalte!«

Der junge Hirte bedankte sich und machte sich sofort auf den Weg.

Der reiche Bauer sah die vielen Schafe und dachte an das gute Geld, das er damit verdienen würde. Er gab dem Hirten seinen Lohn, und für jedes neue Schaf legte er noch ein paar Geldstücke dazu. Der Hirte steckte das Geld ein, nahm sein rotes Lamm und machte sich auf den Heimweg.

Er ging langsam und dachte über den Fremden und das wundersame rote Lamm nach. So merkte er gar nicht, dass es schon spät geworden war.

Er beschloss, im nächsten Wirtshaus einzukehren und dort um ein Quartier für die Nacht zu bitten.

Als er die Lichter eines Gasthauses sah, ging er geradewegs darauf zu.

Er aß und trank und bekam schließlich einen Schlafplatz zugewiesen.

Sein rotes Lamm wurde in den Stall geführt.

Der Wirt, seine Frau und ihre Tochter hatten den seltsamen jungen Mann den ganzen Abend lang beobachtet. Seine Taschen waren mit Geld gefüllt. Man hörte die Geldstücke klimpern, wenn er in seine Jacke griff. Und was hatte er für ein sonderbares rotes Lamm bei sich!

»Aus dieser roten Wolle könnte ich mir schöne Handschuhe stricken«, dachte die Tochter des Wirten. Die ganze Nacht ging ihr nur die schöne rote Wolle durch den Kopf.

Früh am Morgen schlich sie heimlich in den Stall. In der Hand hatte sie eine große Schere, um sich genug von der roten Wolle abzuschneiden.

Aber – kaum hatte sie das rote Lamm mit den Fingerspitzen berührt, konnte sie ihre Hand nicht mehr zurückziehen. Die Hand klebte am Lamm fest! Und die Schere an der anderen Hand konnte sie auch nicht mehr loslassen! Die Wirtshaustochter schrie, so laut sie nur konnte, um Hilfe.

Ihr Vater kam gelaufen, mit einem großen Dreschflegel in der Hand.

Er wollte damit auf das rote Lamm einschlagen, aber kaum war er dem Lamm zu nahe gekommen, hing er auch schon mit dem Dreschflegel an der roten Wolle fest.

Jetzt schrie auch er laut um Hilfe.

»Na warte!«, rief seine Frau, die mit einem Besen gelaufen kam.

Auch sie wollte ordentlich zuschlagen, aber da saß der Besen schon so fest am Lamm, als wäre er an der Wolle angewachsen. Und der Dreschflegel und der Besen blieben an den Händen des Wirtes und seiner Frau hängen, als gehörten sie dort hin.

Als der junge Hirte in den Stall kam und sah, was geschehen war, musste er laut lachen.

Er machte die Stalltür auf und marschierte los, und das rote Lamm und die Wirtshaustochter mit der Schere und der Wirt mit dem Dreschflegel und die Wirtin mit dem Besen marschierten hinter ihm her.

Bald kam der junge Hirte auch am Schloss der Prinzessin vorbei, die nicht lachen konnte. Sie stand am Balkon und war traurig.

Als sie den Hirten mit seinem roten Lamm und der Wirtshaustochter mit der Schere, dem Wirten mit dem Dreschflegel und der Wirtin mit dem Besen am Schloss vorbei- ziehen sah, da musste sie plötzlich lachen. Sie lachte, wie sie schon viele Jahre lang nicht mehr gelacht hatte, und alle, die sie lachen sahen, begannen selbst zu lachen, so sehr freuten sie sich mit ihr.

Der König aber weinte vor Freude darüber, dass er seine Tochter endlich wieder lachen sah.

»Ich werde diesen jungen Mann reich belohnen!«, sagte er und ließ den Hirten zu sich holen. Der junge Hirte verneigte sich vor dem König und seiner Tochter.

»Ich habe einen Wunsch«, sagte die Prinzessin zu ihrem Vater. »Ich möchte an seiner Seite leben. Was könnte ich mir mehr wünschen als einen Mann, der mich zum Lachen bringt!«

Der König nickte zufrieden.

»So bekommt er dich zur Frau und das halbe Königreich dazu«, sagte er feierlich.

Der Hirte strahlte vor Freude.

In diesem Augenblick ließ das rote Lamm die Wirtshaustochter mit der Schere und den Wirt mit dem Dreschflegel und die Wirtin mit dem Besen los und alle fielen mit lautem Gepolter zu Boden.

Da musste die Prinzessin schon wieder lachen, und alle im Schloss lachten mit, und noch am Abend wurde Hochzeit gefeiert.

Der Hirte, der jetzt ein Prinz war, und die Prinzessin, die wieder lachen konnte, wurden ein glückliches Paar. Das rote Lamm blieb bei ihnen und bekam einen eigenen roten Stall.

Und wenn alle, die dabei waren, nicht gestorben sind, dann leben sie noch heute …

DAS KAMEL UND DIE AMEISE
Arabisches Märchen

Lange ist es her, und doch war es erst gestern, da stand ein Kamel in der Sonne und schaute einer winzigen Ameise zu, die durchs Gras lief.

Auf ihrem Rücken schleppte die winzige Ameise einen riesigen Halm, zehn Mal so groß wie sie, nur mit vielen kleinen Schritten kam sie vorwärts.

Das Kamel sah der Ameise eine Weile zu, dann beugte es sich zu ihr hinab und sagte: »Kleine Ameise! Je länger ich dir zuschaue, umso mehr Respekt bekomme ich vor dir! Du schleppst ein Gewicht, zehn Mal schwerer als du selbst, und es sieht aus, als würde es dir gar nichts ausmachen! Unermüdlich gehst du deinen Weg! Muss ich nur einen einzigen Sack tragen, der so schwer ist wie ich, komme ich kaum vom Fleck! Meine Beine knicken ein und ich stöhne und ächze unter dem Gewicht! Wie kommt es, dass dir die schwere Arbeit nichts ausmacht?«

Die Ameise blieb kurz stehen und nahm den Halm von der Schulter.

»Das kann ich dir sagen. Ich arbeite für mich und für meine Familie, du jedoch arbeitest für deinen Herrn! Wenn ich diesen Halm trage, dann tue ich es freiwillig, und ich weiß, wozu ich ihn brauchen kann. Wenn du etwas trägst, dann weißt du nur eines: dass dein Herr dich dazu zwingt!«

Die kleine Ameise schulterte ihren großen, schweren Halm und lief weiter.

Das Kamel blieb nachdenklich in der Sonne stehen und schaute der Ameise lange nach.

Die Nachtigall und der Gimpel

Deutsches Volksgut

Die Nachtigall ging einst auf Reisen und nahm zur Gesellschaft einen Gimpel mit.
Sie flogen über Berg und Tal und kamen nach etlichen Tagen in einen schönen Wald, in
dem sie sich niederließen.

Kaum hatten sie sich auf einen Busch gesetzt, erschien auch schon eine ganze Schar
von Vögeln des Waldes, um die Fremdlinge zu sehen. Alle bewunderten den Gimpel
und lobten seinen schwarzen Kopf, den grauen Rücken und das schöne Rot seiner
Brust. »Das muss ein sehr vornehmer Reisender sein«, sprach einer zum andern.
»Der zweite Vogel hingegen ist sehr unbedeutend; wahrscheinlich ist er der Diener.«
Man drängte sich immer neugieriger um den schön befiederten Gimpel her und
schob die Nachtigall so allmählich in eine unbeachtete Ecke.

Endlich ersuchten die Vögel den Gimpel, er möchte doch nun seine Stimme hören
lassen; denn man vermutete, dass sein Gesang seinem Kleide gleichkommen müsse.
Er ließ sich bereden und sang. Aber die Vögel, die ihn vorher bewundert hatten,
lachten insgeheim und sagten einander halblaut ins Ohr: »Welch elende Stimme!
Wenn er nur lieber geschwiegen hätte!«

Jetzt erhob die Nachtigall in dem verborgenen Winkel ihre Stimme. »Was ist das?«,
riefen die Vögel voll Bewunderung und Freude. »Welch herrlicher Gesang! Wie?
Der unscheinbare Fremdling singt so schön? Ei, du übertriffst ja alle Sänger an
Lieblichkeit und Stärke der Töne! Wer hätte es deinen Federn angesehen!«

DER WOLF UND DIE SIEBEN JUNGEN GEISSLEIN

Märchen der Brüder Grimm

Es war einmal eine alte Geiß, die hatte sieben junge Geißlein und hatte sie lieb, wie eine Mutter ihre Kinder lieb hat. Eines Tages wollte sie in den Wald gehen und Futter holen; da rief sie alle sieben herbei und sprach: »Liebe Kinder, ich will hinaus in den Wald, seid auf eurer Hut vor dem Wolf; wenn er hereinkommt, so frisst er euch alle mit Haut und Haar. Der Bösewicht verstellt sich oft, aber an seiner rauen Stimme und an seinen schwarzen Füßen werdet ihr ihn gleich erkennen.« Die Geißlein sagten: »Liebe Mutter, wir wollen uns schon in Acht nehmen, Ihr könnt ohne Sorgen fortgehen.« Da meckerte die Alte und machte sich getrost auf den Weg.

Es dauerte nicht lange, so klopfte jemand an die Haustür und rief: »Macht auf, ihr lieben Kinder, eure Mutter ist da und hat jedem von euch etwas mitgebracht!« Aber die Geißchen hörten an der rauen Stimme, dass es der Wolf war. »Wir machen nicht auf«, riefen sie, »du bist unsere Mutter nicht, die hat eine feine und liebliche Stimme, aber deine Stimme ist rau; du bist der Wolf!« Da ging der Wolf fort zu einem Krämer und kaufte sich ein großes Stück Kreide – die aß er und machte damit seine Stimme fein. Dann kam er zurück, klopfte an die Haustür und rief: »Macht auf, ihr lieben Kinder, eure Mutter ist da und hat jedem von euch etwas mitgebracht!« Aber der Wolf hatte seine schwarze Pfote in das Fenster gelegt, das sahen die Kinder und riefen: »Wir machen nicht auf, unsere Mutter hat keinen schwarzen Fuß wie du; du bist der Wolf!« Da lief der Wolf zu einem Bäcker und sprach: »Ich habe mich an den Fuß gestoßen, streich mir Teig darüber.« Und als ihm der Bäcker die Pfote bestrichen hatte, so lief er zum Müller und sprach: »Streu mir weißes Mehl auf meine Pfote.« Der Müller dachte: Der Wolf will einen betrügen, und weigerte sich, aber der Wolf sprach: »Wenn du es nicht tust, so fresse ich dich.« Da fürchtete sich der Müller und machte ihm die Pfote weiß. Ja, so sind die Menschen.

Nun ging der Bösewicht zum dritten Mal zu der Haustüre, klopfte an und sprach: »Macht mir auf, Kinder, euer liebes Mütterchen ist heimgekommen und hat jedem von euch etwas mitgebracht.« Die Geißchen riefen: »Zeig uns erst deine Pfote!« Da legte er die Pfote ins Fenster, und als sie sahen, dass sie weiß war, glaubten sie, es wäre alles wahr, was er sagte, und machten die Türe auf. Wer aber hereinkam, das war der Wolf. Sie erschraken und wollten sich verstecken. Das eine sprang unter den Tisch, das zweite ins Bett, das dritte in den Ofen, das vierte in die Küche, das fünfte in den Schrank, das sechste unter die Waschschüssel, das siebente in den Kasten der Wanduhr. Aber der Wolf fand sie alle: eins nach dem andern schluckte er in seinen Rachen; nur das jüngste in dem Uhrkasten, das fand er nicht. Als der Wolf seinen Hunger gestillt hatte, legte er sich draußen auf der grünen Wiese unter einen Baum und fing an zu schlafen.

Nicht lange danach kam die alte Geiß wieder heim. Ach, was musste sie da erblicken!
Die Haustür stand sperrweit offen – Tisch, Stühle und Bänke waren umgeworfen, die
Waschschüssel lag in Scherben, Decke und Kissen waren aus dem Bett gezogen. Sie
suchte ihre Kinder, aber nirgends waren sie zu finden. Sie rief sie nacheinander beim
Namen, aber niemand antwortete. Endlich, als sie an das jüngste kam, da rief eine
feine Stimme: »Liebe Mutter, ich stecke im Uhrkasten.« Sie holte es heraus, und es
erzählte ihr, dass der Wolf gekommen wäre und die andern alle gefressen hätte.
Da könnt ihr denken, wie sie über ihre armen Kinder geweint hat.
Endlich ging sie in ihrem Jammer hinaus, und das jüngste Geißlein lief mit. Als sie
auf die Wiese kam, lag da der Wolf unter einem Baum und schnarchte. Sie betrachtete
ihn von allen Seiten und sah, dass in seinem angefüllten Bauch sich etwas regte und
zappelte. Ach Gott, dachte sie, sollten meine armen Kinder noch am Leben sein? Da
musste das Geißlein nach Haus laufen und Schere, Nadel und Zwirn holen. Dann
schnitt sie dem Ungetüm den Wanst auf, und kaum hatte sie einen Schnitt getan, so
streckte schon ein Geißlein den Kopf heraus, und als sie weiterschnitt, da sprangen
nacheinander alle sechse heraus und waren noch alle am Leben, denn das Ungetüm
hatte sie in der Gier ganz hinuntergeschluckt. Das war eine Freude! Da herzten sie
ihre liebe Mutter und hüpften wie ein Schneider, der Hochzeit hält. Die Alte aber
sagte: »Jetzt geht und sucht Wackersteine, damit wollen wir dem gottlosen Tier den
Bauch füllen, solange es noch im Schlafe liegt.« Da schleppten die Geißchen in aller
Eile die Steine herbei und steckten sie ihm in den Bauch. Dann nähte ihn die Alte mit
solcher Geschwindigkeit wieder zu, dass er nichts merkte und sich nicht einmal regte.
Als der Wolf endlich ausgeschlafen hatte, machte er sich auf die Beine, und weil ihm
die Steine im Magen so großen Durst erregten, wollte er zu einem Brunnen gehen und
trinken. Als er aber anfing zu gehen und sich hin und her zu bewegen, stießen die
Steine in seinem Bauch aneinander und rappelten. Da rief er:

        »Was rumpelt und pumpelt
        In meinem Bauch herum?
        Ich meinte, es wären sechs Geißlein,
        So sind's lauter Wackerstein.«
Und als er an den Brunnen kam und sich über das Wasser bückte und trinken wollte,
da zogen ihn die schweren Steine hinein, und er musste ersaufen. Als die sieben
Geißlein das sahen, da kamen sie herbeigelaufen, riefen laut: »Der Wolf ist tot!
Der Wolf ist tot!« und tanzten mit ihrer Mutter um den Brunnen herum.

DIE KLEINE LAUS UND DER KLEINE FLOH

Märchen aus Frankreich

Die kleine Laus und der kleine Floh waren verheiratet. Seit vielen Jahren lebten sie zufrieden und glücklich in ihrem Haus.

Eines Tages musste die kleine Laus für ein paar Stunden das Haus verlassen.

Sie wollte das Korn zur Mühle tragen.

»Pass gut auf dich auf, kleiner Floh«, sagte die kleine Laus. »Schnell kann etwas passieren!«

»Jaja«, sagte der kleine Floh. »Ich passe schon auf mich auf!«

Die kleine Laus trug das Korn davon und der kleine Floh blieb im Haus. Er deckte den Tisch und beschloss, etwas Gutes zu kochen.

Als die kleine Laus nach Hause kam, war der kleine Floh verschwunden.

Wo die kleine Laus auch suchte, der kleine Floh war nicht zu finden.

Da setzte sie sich traurig zum Tisch, um zu essen.

Als sie in den Suppentopf blickte, sah sie, was geschehen war.

Der kleine Floh war beim Kochen auf einen Stuhl gestiegen,
um die Suppe umzurühren.

Dabei war er gestürzt und in den Suppentopf gefallen und ertrunken.

Die kleine Laus weinte und weinte und konnte ihr Unglück nicht fassen.

Schließlich packte sie ihren Koffer und ging zur Tür.

»Was hast du vor, kleine Laus?«, fragte der Tisch.

»Der kleine Floh ist gestorben, und jetzt verlasse ich das Haus«, sagte die kleine Laus.

»Wenn das so ist, dann enttische ich mich und
komme mit«, sagte der Tisch.

Und er enttischte sich.

Gemeinsam wollten sie losgehen, da fragte die Mulde: »Was habt ihr vor?«

»Der kleine Floh ist gestorben, ich verlasse das Haus und der Tisch enttischt sich und folgt mir«, sagte die kleine Laus.

»Wenn das so ist, dann entmulde ich mich und komme mit«, sagte die Mulde.

Und sie entmuldete sich.

Gemeinsam wollten sie durch die Tür gehen, da fragte die Tür: »Was habt ihr vor?«

»Der kleine Floh ist gestorben, ich will das Haus verlassen, der Tisch hat sich enttischt, die Mulde hat sich entmuldet und nun folgen sie mir«, sagte die kleine Laus.

»Wenn das so ist, dann entangele ich mich und komme mit«, sagte die Tür.

Und sie entangelte sich.

Sie standen gemeinsam vor dem Haus, unter dem großen Baum.

»Was habt ihr vor?«, fragte der Baum.

»Der kleine Floh ist gestorben, ich verlasse das Haus, der Tisch enttischt sich, die Mulde entmuldet sich, die Tür entangelt sich und nun folgen sie mir«, sagte die kleine Laus.

»Wenn das so ist, dann entwurzele ich mich und komme mit«, sagte der Baum.

Und er entwurzelte sich.

Sie kamen am Brunnen vorbei.

»Was habt ihr vor?«, fragte die Frau, die am Brunnen stand und mit zwei Krügen Wasser schöpfte.

»Der kleine Floh ist gestorben, ich verlasse das Haus, der Tisch enttischt sich, die Mulde entmuldet sich, die Tür entangelt sich, der Baum entwurzelt sich und nun folgen sie mir«, sagte die kleine Laus.

»Wenn das so ist, dann zerschlage ich meine Krüge und komme mit!«, sagte die Frau.

Und sie zerschlug ihre Krüge am Brunnen und folgte ihnen.

So verließen die kleine Laus, der Tisch, die Mulde, die Tür, der Baum und die Frau das Haus, und bis heute weiß niemand, wohin sie gegangen sind.

DIE DREI HUNDE

Märchen von Ludwig Bechstein

Ein Schäfer hinterließ seinen beiden Kindern, einem Sohn und einer Tochter, nichts als drei Schafe und ein kleines Häuschen und sprach auf seinem Totenbett: »Teilt euch geschwisterlich darein, dass nicht Hader und Zank zwischen euch entstehe.«

Als der Schäfer nun gestorben war, fragte der Bruder die Schwester, welches sie lieber wollte, die Schafe oder das Häuschen? Und als sie das Häuschen wählte, sagte er: »So nehme ich die Schafe und gehe in die weite Welt: es hat schon mancher sein Glück gefunden und ich bin ein Sonntagskind.« Er ging darauf mit seinem Erbteil fort; das Glück wollte ihm jedoch lange nicht begegnen. Einst saß er recht verdrießlich an einem Kreuzweg, ungewiss, wohin er sich wenden wollte; auf einmal sah er einen Mann neben sich, der hatte drei schwarze Hunde, von denen der eine immer größer als der andere war. »Ei, junger Gesell«, sagte der Mann, »Ihr habt da drei schöne Schafe. Wisst Ihr was, gebt mir die Schafe, ich will Euch meine Hunde dafür geben.« Trotz seiner Traurigkeit musste jener lachen. »Was soll ich mit Euren Hunden tun?«, fragte er, »meine Schafe ernähren sich selbst, die Hunde aber wollen gefüttert sein.«

»Meine Hunde sind von absonderlicher Art«, antwortete der Fremde; »sie ernähren Euch statt Ihr sie und werden Euer Glück machen. Der Kleinere da heißt: ›Bring Speisen‹, der Zweite ›zerreißen‹, und der große Starke ›brich Stahl und Eisen‹.« Der Schäfer ließ sich endlich beschwatzen und gab seine Schafe hin. Um die Eigenschaft seiner Hunde zu prüfen, sprach er: »Bring Speisen!«, und alsbald lief der eine Hund fort und kam zurück mit einem großen Korb voll der herrlichsten Speisen. Den Schäfer gereute nun der Tausch nicht; er ließ sich's wohl sein und zog lange im Lande umher.

Einst begegnete ihm ein Wagen mit zwei Pferden bespannt und ganz mit schwarzen Decken bekleidet und auch der Kutscher war schwarz angetan. In dem Wagen saß ein wunderschönes Mädchen in einem schwarzen Gewande, das weinte bitterlich. Die Pferde trabten traurig und langsam und hingen die Köpfe. »Kutscher, was bedeutet das?«, fragte der Schäfer. Der Kutscher antwortete unwirsch, jener aber ließ nicht nach zu fragen, bis der Kutscher erzählte, es hause ein großer Drache in der Gegend, dem habe man, um sich vor seinen Verwüstungen zu sichern, eine Jungfrau als jährlichen Tribut versprechen müssen, die er mit Haut und Haar verschlingt. Das Los entscheide allemal unter den vierzehnjährigen Jungfrauen und diesmal habe es die Königstochter betroffen. Darüber sei der König und das ganze Land in tiefster Betrübnis und doch müsse der Drache sein Opfer erhalten. Der Schäfer fühlte Mitleid mit dem schönen jungen Mädchen und folgte dem Wagen. Dieser hielt endlich an einem hohen Berge. Die Jungfrau stieg aus und schritt langsam ihrem schrecklichen Schicksal entgegen. Der Kutscher sah nun, dass der fremde Mann ihr folgen wollte, und warnte ihn, der Schäfer ließ sich jedoch nicht abwendig machen. Als sie die Hälfte des Berges erstiegen hatten, kam vom Gipfel herab ein schreckliches Untier mit einem Schuppenleib, Flügel und ungeheuren Krallen an den Füßen; aus seinem Rachen loderte ein glühender Schwefelstrom und es wollte sich auf seine Beute stürzen, da rief der Schäfer: »Zerreißen!«, und der zweite seiner Hunde stürzte sich auf den Drachen, biss sich in der Weiche desselben fest und setzte ihm so zu, dass das Ungeheuer endlich niedersank und sein giftiges Leben aushauchte; der Hund aber fraß ihn völlig auf, dass nichts übrig blieb als ein Paar Zähne, die steckte der Schäfer zu sich. Die Königstochter war ganz ohnmächtig vor Schreck und vor Freude, der Schäfer erweckte sie wieder zum Leben, und nun sank sie ihrem Retter zu Füßen und bat ihn flehentlich, mit zu ihrem Vater zu kommen, der ihn reich belohnen werde. Der Jüngling antwortete, er wolle sich doch erst in der Welt umsehen, nach drei Jahren aber wiederkommen. Und bei diesem Entschluss blieb er.
Die Jungfrau setzte sich wieder in den Wagen und der Schäfer ging eines anderen Weges fort.
Der Kutscher aber war auf böse Gedanken gekommen. Als sie über eine Brücke fuhren, unter der ein großer Strom floss, hielt er still, wandte sich zur Königstochter

und sprach: »Euer Retter ist fort und begehrt Eures Dankes nicht. Es wäre schön von Euch, wenn Ihr einen armen Menschen glücklich machtet. Saget deshalb Eurem Vater, dass ich den Drachen umgebracht habe; wollt Ihr aber das nicht, so werfe ich Euch hier in den Strom und niemand wird nach Euch fragen, denn es heißt, der Drache habe Euch verschlungen.« Die Jungfrau wehklagte und flehte, aber vergeblich; sie musste endlich schwören, den Kutscher für ihren Retter ausgeben und keiner Seele das Geheimnis zu verraten. So fuhren sie in die Stadt zurück, wo alles außer sich vor Entzücken war; die schwarzen Fahnen wurden von den Türmen genommen und bunte daraufgesteckt, und der König umarmte mit Freudentränen seine Tochter und ihren vermeintlichen Retter. »Du hast nicht nur mein Kind, sondern auch das ganze Land von einer großen Plage errettet«, sprach er. »Darum ist es auch billig, dass ich dich belohne. Meine Tochter soll deine Gemahlin werden; da sie aber noch allzu jung ist, so soll die Hochzeit erst in einem Jahr sein.« Der Kutscher dankte, ward prächtig gekleidet, dann zum Edelmann gemacht und in allen feinen Sitten, die sein nunmehriger Stand erforderte, unterwiesen. Die Königstochter aber erschrak heftig und weinte bitterlich, als sie dies vernahm, und wagte doch nicht, ihren Schwur zu brechen. Als das Jahr um war, konnte sie nichts erreichen als die Frist noch eines weiteren Jahres. Auch dies ging zu Ende, und sie warf sich dem Vater zu Füßen und bat um noch ein Jahr, denn sie dachte an das Versprechen ihres wirklichen Erretters. Der König konnte ihrem Flehen nicht widerstehen und gewährte ihr die Bitte, mit dem Zusatz jedoch, dass dies die letzte Frist sei, die er ihr gestattete. Wie schnell verrann die Zeit! Der Trauungstag war nun festgesetzt, auf den Türmen wehten rote Fahnen und das Volk war im Jubel.

An demselben geschah es, dass ein Fremder mit drei Hunden in die Stadt kam. Der fragte nach der Ursache der allgemeinen Freude und erfuhr, dass die Königstochter eben mit dem Manne vermählt werde, der den schrecklichen Drachen erschlagen. Der Fremde schalt diesen Mann einen Betrüger, der sich mit fremden Federn schmücke. Aber er wurde von der Wache ergriffen und in ein enges Gefängnis mit eisernen Türen geworfen. Als er nun so auf seinem Strohbündel lag und sein trauriges Geschick überdachte, glaubte er plötzlich draußen das Winseln seiner Hunde zu hören; da dämmerte ein lichter Gedanke in ihm auf. »Brich Stahl und Eisen!«, rief er, so laut er konnte, und alsbald sah er die Tatzen seines größten Hundes an dem Gitterfenster, durch welches das Tageslicht spärlich in seine Zelle fiel. Das Gitter brach, und der Hund sprang in die Zelle und zerbiss die Ketten, mit denen sein Herr gefesselt war; darauf sprang er wieder hinaus und sein Herr folgte ihm. Nun war er zwar frei, aber der Gedanke schmerzte ihn sehr, dass ein anderer seinen Lohn ernten solle. Es hungerte ihn auch und er rief seinen Hund an: »Bring Speisen!« Bald darauf kam der Hund mit einer Serviette voll köstlicher Speisen zurück; in die Serviette war eine Königskrone gestickt.

Der König hatte eben mit seinem ganzen Hofstaat an der Tafel gesessen, als der Hund erschienen war und der bräutlichen Jungfrau bittend die Hand geleckt hatte. Mit einem freudigen Schreck hatte sie den Hund erkannt und ihm die eigene Serviette umgebunden. Sie sah dies als einen Wink des Himmels an, bat den Vater um einige Worte und vertraute ihm das ganze Geheimnis. Der König sandte einen Boten dem Hunde nach, der bald darauf den Fremden in des Königs Kabinett brachte. Der König führte ihn an der Hand in den Saal; der ehemalige Kutscher erblasste bei seinem Anblick und bat kniend um Gnade. Die Königstochter erkannte den Fremdling als ihren Retter, der sich noch überdies durch die Drachenzähne, die er noch bei sich trug, auswies. Der Kutscher ward in einen tiefen Kerker geworfen, und der Schäfer nahm also seine Stelle an der Seite der Königstochter ein. Diesmal bat sie nicht um Aufschub der Trauung.

Das junge Ehepaar lebte schon eine geraume Zeit in wonniglichem Glück, da gedachte der ehemalige Schäfer seiner armen Schwester und sprach den Wunsch aus, ihr von seinem Glück mitzuteilen. Er sandte auch einen Wagen fort, sie zu holen, und es dauerte nicht lange, so lag sie an der Brust ihres Bruders. Da begann plötzlich einer der Hunde zu sprechen und sagte: »Unsere Zeit ist nun um; du bedarfst unser nicht mehr. Wir blieben nur so lange bei dir, um zu sehen, ob du auch im Glück deine Schwester nicht vergessen würdest.« Darauf verwandelten sich die Hunde in drei Vögel und verschwanden in den Lüften.

DIE BREMER STADTMUSIKANTEN

Märchen der Brüder Grimm

Es hatte ein Mann einen Esel, der schon lange Jahre die Säcke unverdrossen zur Mühle getragen hatte, dessen Kräfte aber nun zu Ende gingen, so dass er zur Arbeit immer untauglicher ward. Da dachte der Herr daran, ihn aus dem Futter zu schaffen; aber der Esel merkte, dass kein guter Wind wehte, lief fort und machte sich auf den Weg nach Bremen; dort, meinte er, könnte er ja Stadtmusikant werden.

Als er ein Weilchen fortgegangen war, fand er einen Jagdhund auf dem Wege liegen, der jappte wie einer, der sich müde gelaufen hat. »Nun, was jappst du so, Packan?«, fragte der Esel. »Ach«, sagte der Hund, »weil ich alt bin und jeden Tag schwächer werde, auch auf der Jagd nicht mehr springen kann, hat mich mein Herr wollen totschlagen, da hab ich Reißaus genommen; aber womit soll ich nun mein Brot verdienen?« – »Weißt du was«, sprach der Esel, »ich gehe nach Bremen und werde dort Stadtmusikant, geh mit und lass dich auch bei der Musik annehmen. Ich spiele die Laute, und du schlägst die Pauken.« Der Hund war's zufrieden, und sie gingen weiter.

Es dauerte nicht lange, so saß da eine Katze an dem Weg und machte ein Gesicht wie drei Tage Regenwetter. »Nun, was ist dir in die Quere gekommen, alter Bartputzer?«, sprach der Esel. »Wer kann da lustig sein, wenn's einem an den Kragen geht«, antwortete die Katze, »weil ich nun zu Jahren komme, meine Zähne stumpf werden und ich lieber hinter dem Ofen sitze und spinne, als nach Mäusen herumjage, hat mich meine Frau ersäufen wollen; ich habe mich zwar noch fortgemacht; aber nun ist guter Rat teuer: Wo soll ich hin?« – »Geh mit uns nach Bremen, du verstehst dich doch auf die Nachtmusik, da kannst du ein Stadtmusikant werden.« Die Katze hielt das für gut und ging mit.

Darauf kamen die drei Landesflüchtigen an einem Hof vorbei, da saß auf dem Tor der Haushahn und schrie aus Leibeskräften. »Du schreist einem durch Mark und Bein«, sprach der Esel, »was hast du vor?« – »Da hab ich gut Wetter prophezeit«, sprach der Hahn, »weil Unserer Lieben Frauen Tag ist, wo sie dem Christkindlein die Hemdchen gewaschen hat und sie trocknen will; aber weil morgen zum Sonntag Gäste kommen, so hat die Hausfrau doch kein Erbarmen und hat der Köchin gesagt, sie wollte mich morgen in der Suppe essen, und da soll ich mir heut Abend den Kopf abschneiden lassen. Nun schrei' ich aus vollem Hals, solang ich noch kann.«

»Ei was, du Rotkopf«, sagte der Esel, »zieh lieber mit uns fort, wir gehen nach Bremen; etwas Besseres als den Tod findest du überall. Du hast eine gute Stimme, und wenn wir zusammen musizieren, so muss es eine Art haben.« Der Hahn ließ sich den Vorschlag gefallen, und sie gingen alle viere zusammen fort.

Sie konnten aber die Stadt Bremen in einem Tag nicht erreichen und kamen abends in einen Wald, wo sie übernachten wollten. Der Esel und der Hund legten sich unter einen großen Baum, die Katze und der Hahn machten sich in die Äste, der Hahn aber flog bis in die Spitze, wo es am sichersten für ihn war. Ehe er einschlief, sah er sich noch einmal nach allen vier Winden um, da deuchte ihm, er sähe in der Ferne ein Fünkchen brennen, und rief seinen Gesellen zu, es müsste nicht gar weit ein Haus sein, denn es scheine ein Licht. Sprach der Esel: »So müssen wir uns aufmachen und noch hingehen, denn hier ist die Herberge schlecht.« Der Hund meinte, ein paar Knochen und etwas Fleisch dran täten ihm auch gut. Also machten sie sich auf den Weg nach der Gegend, wo das Licht war, und sahen es bald heller schimmern, und es ward immer größer, bis sie vor ein hell erleuchtetes Räuberhaus kamen.

Der Esel, als der größte, näherte sich dem Fenster und schaute hinein. »Was siehst du, Grauschimmel?«, fragte der Hahn. »Was ich sehe?«, antwortete der Esel. »Einen gedeckten Tisch mit schönem Essen und Trinken, und Räuber sitzen daran und lassen's sich wohl sein.« – »Das wäre was für uns«, sprach der Hahn. »Ja, ja, ach, wären wir nur schon drin!«, sagte der Esel.

Da ratschlagten die Tiere, wie sie es anfangen müssten, um die Räuber hinauszujagen, und fanden endlich ein Mittel. Der Esel musste sich mit den Vorderfüßen auf das Fenster stellen, der Hund auf des Esels Rücken springen, die Katze auf den Hund klettern, und endlich flog der Hahn hinauf und setzte sich der Katze auf den Kopf. Wie das geschehen war, fingen sie auf ein Zeichen insgesamt an, ihre Musik zu machen: Der Esel schrie, der Hund bellte, die Katze miaute und der Hahn krähte; dann stürzten sie durch das Fenster in die Stube hinein, dass die Scheiben klirrten. Die Räuber fuhren bei dem entsetzlichen Schrei in die Höhe, meinten nicht anders, als ein Gespenst käme herein, und flohen in größter Furcht in den Wald hinaus. Nun setzten sich die vier Gesellen an den Tisch, nahmen mit dem vorlieb, was übriggeblieben war, und aßen, als wenn sie vier Wochen hungern sollten.

Wie die vier Spielleute fertig waren, löschten sie das Licht aus und suchten sich eine Schlafstätte, jeder nach seiner Natur und Bequemlichkeit. Der Esel legte sich auf den Mist, der Hund hinter die Türe,

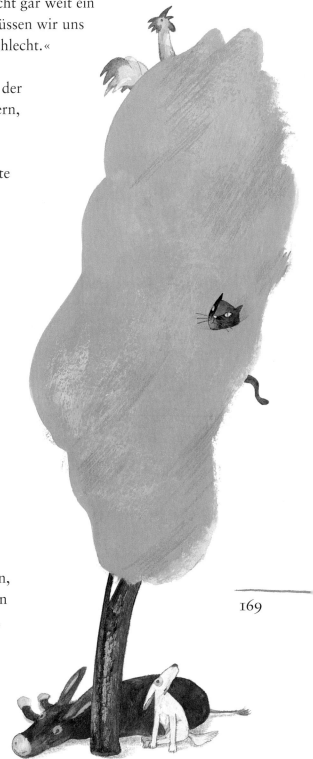

die Katze auf den Herd bei der warmen Asche, und der Hahn setzte sich auf den Hahnenbalken – und weil sie müde waren von ihrem langen Weg, schliefen sie auch bald ein. Als Mitternacht vorbei war und die Räuber von weitem sahen, dass kein Licht mehr im Haus brannte, auch alles ruhig schien, sprach der Hauptmann: »Wir hätten uns doch nicht sollen ins Bockshorn jagen lassen«, und hieß einen hingehen und das Haus untersuchen.

Der Abgeschickte fand alles still, ging in die Küche, ein Licht anzuzünden, und weil er die glühenden, feurigen Augen der Katze für lebendige Kohlen ansah, hielt er ein Schwefelhölzchen daran, dass es Feuer fangen sollte. Aber die Katze verstand keinen Spaß, sprang ihm ins Gesicht, spie und kratzte. Da erschrak er gewaltig, lief und wollte zur Hintertür hinaus; aber der Hund, der da lag, sprang auf und biss ihn ins Bein; und als er über den Hof an dem Miste vorbeirannte, gab ihm der Esel noch einen tüchtigen Schlag mit dem Hinterfuß; der Hahn aber, der vom Lärmen aus dem Schlaf geweckt und munter geworden war, rief vom Balken herab: »Kikeriki!«

Da lief der Räuber, was er konnte, zu seinem Hauptmann zurück und sprach: »Ach, in dem Haus sitzt eine gräuliche Hexe, die hat mich angehaucht und mit ihren langen Fingern mir das Gesicht zerkratzt; und vor der Türe steht ein Mann mit einem Messer, der hat mich ins Bein gestochen; und auf dem Hof liegt ein schwarzes Ungetüm, das hat mit einer Holzkeule auf mich losgeschlagen; und oben auf dem Dache, da sitzt der Richter, der rief, bringt mir den Schelm her. Da machte ich, dass ich fortkam.«

Von nun an getrauten sich die Räuber nicht mehr in das Haus, den vier Bremer Musikanten gefiel's aber so wohl darin, dass sie nicht wieder herauswollten. Und der das zuletzt erzählt hat, dem ist der Mund noch warm.

1. Auflage 2014
© Annette Betz Verlag in der Ueberreuter Verlag GmbH, Berlin 2014
ISBN 978-3-219-11598-7

Dieser Märchenband ist eine Kompilation aus den Titeln
Verzaubert, verwunschen, verwandelt
Erstausgabe © Annette Betz Verlag im Verlag Carl Ueberreuter, Wien – München 2009
ISBN 978-3-219-11412-6
und
Die kluge Katze
Erstausgabe © Annette Betz Verlag im Verlag Carl Ueberreuter, Wien – München 2006
ISBN 978-3-219-11230-6

Alle Rechte vorbehalten. Das Werk darf – auch teilweise –
nur mit Genehmigung des Verlages wiedergegeben werden.

Umschlag- und Innenillustrationen: Marion Goedelt
Druck und Bindung: Ueberreuter Print, Korneuburg

www.annettebetz.de